HANDBUCH
FÜR
VOYEURE

EUROPA
VERLAG

Prof. Werner Habermehl

HANDBUCH FÜR VOYEURE

Das erotische Sammelsurium

Europa Verlag
Hamburg · Leipzig · Wien

„Let's get pissed and watch porn …"

Die Deutsche Bibliothek – CIP Einheitsaufnahme
Ein Titelsatz für diese Publikation ist bei der
Deutschen Bibliothek erhältlich.

Lektorat: Niclas Dewitz
Umschlaggestaltung: Christine Paxmann, München
Satz: textum GmbH, München
Druck und Bindung: Bosch Druck, Ergolding
ISBN 3-203-78019-4

Informationen über unser Programm erhalten Sie beim Europa Verlag,
Neuer Wall 10, 20354 Hamburg oder unter www.europaverlag.de

— EIN WORT VON VOYEUR ZU VOYEUR … —

Wenn Sex Spaß machen soll, muss man auch mal genauer hinsehen. Ein wesentlicher Teil der Freude am Liebesspiel kommt vom Sehen. Es gibt bekanntlich sogar Menschen, die für Striptease bezahlen – ob im „Crazy Horse“ in Paris oder im „Dollhouse“ in Hamburg. Zusehen regt an und bringt Bewegung. Das französische Wort „voir“ (sehen), von dem sich „Voyeur“ ableitet, hat für dieses kleine Buch den Titel geliefert. Also, schauen wir einmal:

Legenden ranken sich um exotische Stellungen, beste Freunde zerstreiten sich über die Schönheit prominenter Hintern, Freundinnen suchen sich gegenseitig bei Fragen der männlichen Sexualpsychologie zu beraten. Wir reißen Zoten, wir üben mit Sex-Spielzeug, wir schauen uns Pornos an, wir lesen erotische Geschichten, wir kaufen lustige Scherzartikel beim Sex-Versand oder im Erotik-Shop. Und ständig tauchen neue Desiderate auf: Wie baue ich mir Sexspielzeug selbst? Wie weise ich Sperma im Laken nach? Wieviele Frauen träumen davon, ihren Mann zu betrügen?

Kaum ein Bereich des menschlichen Lebens ist Gegenstand skurrilerer Anekdoten, schlechterer Witze und offeriert eine solche Unzahl harter wie ominöser Fakten, Wissenswertes und scheinbare Belanglosigkeiten. Aber gleichzeitig verwenden die Menschen aller Kulturkreise im Durchschnitt kaum zwei Stunden pro Woche auf Sex. Die restliche Zeit wird dem Bügeln gewidmet, dem Schlaf, dem Putzen, dem Rasenmähen, dem Einkaufen, dem so genannten Alltag. Guter Sex ist anstrengend und aufwendig. In jeder Hinsicht. Aber er ist der Mühe wert. Es gibt nichts Schöneres. Und es lohnt sich, einen Blick hinter die Gardinen der Nachbarn zu werfen. Sie haben vielleicht Ideen, auf die man selbst noch nicht gekommen ist. Schaden kann es jedenfalls nicht. Dazulernen war nie ein Fehler. Also: Dieses Buch ist ein Aufruf zum Voyeurismus.

Ein Buch voller Einblicke. Es bildet die ganze Vielfalt des Themas ab, ohne durch lexikalisch-erschöpfende Langatmigkeit dem Spaß die Freude zu nehmen. Es wendet sich an die größte und unterhaltsamste Gabe des menschlichen Geistes: Die freie Assoziation, das Finden, ohne je gesucht zu haben.

Es ist weniger eine Handreichung für den Suchenden als eben ein Sammelsurium. Es ist ein Mikrokosmos, ein Ausschnitt aus der Welt des Wissens und Vermutens, des Witzelns, Forschens und des allzumenschlichen Nachdenkens über Sex.

In hunderten Untersuchungen, Befragungen, zahllosen Beiträgen – ob im wissenschaftlichen Umfeld oder im Playboy, in BILD oder im stern – hat der Autor in den letzten Jahrzehnten (fast) jeden Aspekt dieses Themas beleuchtet. Einiges davon ist auf den folgenden Seiten versammelt – und doch noch viel mehr: Hier geht es zur Sache, hier gibt es Tipps zu Illusionen und Hinweise auf anregende Gerätschaften, präsentiert werden Anekdoten und amüsante Fakten; kurz: Ein prall gefülltes Schaufenster, ein Betthupferl und Partyspaß zum Staunen, Wundern, lockerer Werden für unterhaltsame Stunden allein, zu zweit oder zu vielen.

Der Autor und der Verlag danken Niclas Dewitz für seine umfassende Mitarbeit an diesem Buch. Dank gilt auch Philipp Hinz, Susanne Ostermann und Cornelia Künne für Ideen und Hinweise.

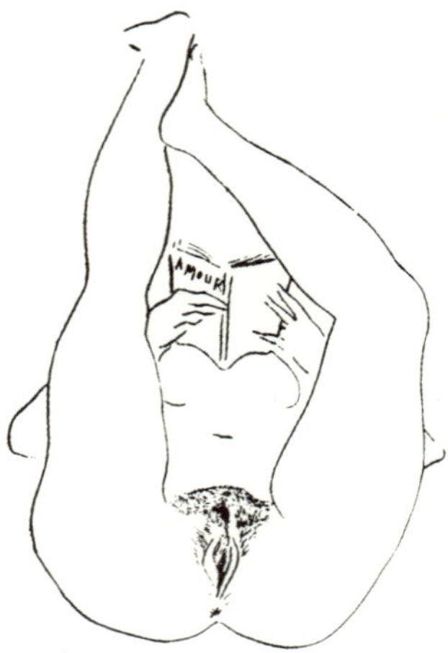

Zum Verständnis dieses Büchleins:

VOYEURISMUS

Der Begriff leitet sich von dem französischen Wort für „sehen, gucken" *(= voir)* her. Als Voyeurismus bezeichnet man den Hang, sich durch das Betrachten von erotischen Reizen zu erregen. Und zwar insbesondere durch das Beobachten anderer Personen beim Entkleiden, beim Nacktbaden oder beim Sex.

VORBILDUNG FÜR VORURTEILSFREIE INHALTE?

Noch bis in die 70er Jahre erforderte der Erwerb von Büchern, die sich mit Sexualität beschäftigten, in Deutschland eine Registrierung. Auf eigens beigelegten und durchnummerierten Kärtchen mussten Name, Adresse, Wohnort und Beruf angegeben werden und mit Unterschrift die Volljährigkeit (damals 21 Jahre) bestätigt werden. Man verpflichtete sich, das schändliche Buch verschlossen aufzubewahren und keinem Minderjährigen oder sonstwie unreifen Personen zur Verfügung zu stellen. Im Buch selbst befand sich eine „Quittung" dieser Erklärung:

„Die Abgabe erfolgte gegen die schriftlich abgegebene Erklärung, daß der Bezieher das einundzwanzigste Lebensjahr vollendet hat, auf den vorurteilsfreien Inhalt vorbereitet ist, an demselben keinen Anstoß nehmen und das Werk unter Verschluß halten und nur einem Personenkreis zugänglich machen wird, der aufgrund seines Alters und seiner Vorbildung zur objektiven Bewertung in der Lage ist."

A. KRONFELD ZUM THEMA HEILUNGSCHANCEN BEI HOMOSEXUALITÄT

Eine Behandlung der Homosexualität im Sinne einer ärztlichen Therapie besteht nicht. Die von Lichtenstern und Mühsam ausgeführten Keimdrüsenüberpflanzungen, mit oder ohne vorheriger Kastration, scheinen dauernde Erfolge nicht zu gewähren. Die psychische Behandlung, soweit sie sich auf eine Umkehrung des homosexuellen Triebes ins Normale erstreckt, erleidet ebenfalls in der Regel Schiffbruch. Sowohl die Suggestivtherapie versagt meist, als auch die von Moll ausgedachte Technik – trotz seiner optimistischen Behauptung –, als auch endlich die Psychoanalyse. In der Regel kann der Arzt nicht mehr tun, als mit geistigen und physischen Mitteln die Triebstärke einzudämmen, die körperliche und moralische Resistenz zu stärken und dem Leidenden ein menschlicher Wegführer und Berater zu sein. Dem Eheschluß ist dem Homosexuellen dringend zu widerraten.

Aus: Max Marcuse, Handwörterbuch der Sexualwissenschaft, Berlin 1923

Der lexikalische Eintrag

— ACHSELHÖHLENFETISCHISMUS —

Sexualfetischismus kann sich auf alle Körperregionen beziehen. Von den Zehen bis zu den Kopfhaaren. Einige Formen dieses Fetischismus sind eher selten. Der Achselhöhlenfetischismus gehört jedoch zu den häufigeren Formen. Dies kommt daher, dass in den Achselhöhlen sexuell wichtige Duftstoffe abgesondert werden (Pheromone). Achselhöhlenfetischisten bevorzugen dementsprechend meistens orale gegenüber genitalen Achselhöhlenkontakten.

— 6 UNNÜTZE BEFRAGUNGSERGEBNISSE —

17 % der deutschen Rentner haben Sex am liebsten morgens nach dem Frühstück.

25 % der deutschen Verkäuferinnen finden es vergnüglich, den Hodensack ihrer Sex-Partner mit der Zunge zu streicheln.

38 % der kleinen Männer unter 1,65 m lieben den Busenverkehr (im Bevölkerungsdurchschnitt sind es nur 26 %!).

42 % der Motorradfahrer leiden unter vorzeitigem Samenerguss.

48 % der Frauen mit großem Busen (Umfang über 90 cm) treiben es am liebsten in der Missionarsstellung.

78 % der Männer, die regelmäßig Video gucken, onanieren auch regelmäßig.

VOLKSWIRTSCHAFTLICHER SCHADEN DURCH EREKTILE DYSFUNKTION IN ÖSTERREICH

In Österreich sind 620000 erwerbstätige Männer in der Altersgruppe zwischen 20 und 65 Jahren betroffen, also fast jeder dritte österreichische Mann in dieser Altersgruppe. Sie haben oft mit erektiler Dysfunktion zu tun. Das ergaben Untersuchungen des Instituts für Ehe- und Familienforschung (INSEF). In der Altersgruppe zwischen 20 und 35 Jahren sind es 130000, in der Altersgruppe 36–50 sind es 210000, in der Altersgruppe 51–65 sind es 280000, also praktisch 50 % aller Männer dieser Altersgruppe. Die den Männern gestellte Frage lautete: „Kommt es vor, dass Ihr Penis nicht so hart und kräftig wird, wie Sie es sich beim Sex wünschen?"

Erektile Dysfunktion kann krankheitsbedingt sein (z. B. durch Diabetes mellitus), ist aber in der Mehrzahl der Fälle durch eine Schwächung der Libido bedingt. Die Hauptursachen, die diese Schwächung hervorrufen, sind fehlende erotische Anreize und Stress. Zu den Folgen gehört nachlassende Leistungsfähigkeit in der Ausbildung und im Beruf.

Männern, die unter erektiler Dysfunktion leiden, geht unter anderem Konzentrationsfähigkeit, Motivation, Übersicht, Belastbarkeit, Selbstkontrolle und Ausdauer verloren. Bei einer Umfrage des Soziologischen Studienzentrums unter 3224 erwerbstätigen Männern zwischen 20 und 65 Jahren in Deutschland, Österreich und der Schweiz benannten diejenigen, die öfter unter erektiler Dysfunktion leiden (35 %), häufige morgendliche „Anlaufschwierigkeiten im Job" von durchschnittlich 1,37 Stunden Dauer. Bei Männern, die von erektiler Dysfunktion allenfalls gelegentlich oder selten bzw. nie betroffen sind, betrug der Wert 0,31 Stunden.

Der volkswirtschaftliche Schaden, der durch erektile Dysfunktion entsteht, lässt sich natürlich nicht allein an den Anlaufschwierigkeiten der Betroffenen messen, zu beachten sind daneben die sogenannten Schlampereien, also Mängel insbesondere bei Sorgfalt, Planung, Zielstrebigkeit, sowie Beeinträchtigungen des Arbeitsklimas für Kollegen und Mitarbeiter durch Übellaunigkeit, Verspätungen, Mobbing etc. und außerdem das Fehlen der leistungssteigendern Momente erfüllter Sexualität. Erektile Dysfunktion mindert nicht nur die Fähigkeit, konsequent, ruhig und effizient den jeweils gestellten Aufgaben nachzukommen. Sie zerstört auch das Potential für Innovation und Kreativität.

Die hier angestellte Analyse der volkswirtschaftlichen Konsequenzen beschränkt sich auf eine Schätzung des geringsten anzunehmenden Schadens.

Zu berücksichtigen waren 620 000 erwerbstätige Männer, die unter erektiler Dysfunktion leiden. Bei ihnen ist die durchschnittliche Leistungszeit pro Arbeitstag gegenüber anderen Erwerbstätigen um 1,06 Stunden reduziert. Das entspricht bei 235 Arbeitstagen im Jahr 13,25 % der gesamten Arbeitszeit.

Von den betroffenen Männern haben 41 % eine ihrerseits erwerbstätige Partnerin (254 000 Frauen). Bei diesen Frauen beträgt die durch die erektile Dysfunktion des Partners bedingte Minderung der Arbeitsleistung durchschnittlich 1,47 Stunden. Bei 235 Arbeitstagen: 18,36 %.

Auf die betroffenen Männer und deren Partnerinnen (zusammen 874 000) entfallen (ohne Berücksichtigung der Stellung im Beruf) € 65,57 Mrd. des von STATISTIK AUSTRIA für 2003 ermittelten Bruttoinlandsprodukts (€ 226,1 Mrd.).

Unter Zugrundelegung der zusammengefassten Reduktion der Arbeitsleistung (14,74 %) ergibt sich ein Minus von € 9,7 Mrd.

WIRKLICH SCHLECHTE SEX-WITZE

☺ Wie heißt die Frau eines Eskimos? – Eskimöse!
Und wie die Prostituierte, die er besucht? – Frostituierte! ☹

☺ Steht eine Frau mit einer Katze im Arm an der Bushaltestelle. Kommt ein Mann vorbei und fragt „Darf ich mal ihre Muschi streicheln?" Sagt sie: „Sicher, aber wer soll dann die Katze halten?" ☹

☺ „Leidest du auch unter Smog im Schlafzimmer?" „Wie meinst du denn das jetzt?" „Na ja, viel dicke Luft und kein Verkehr …" ☹

☺ Frau Müller ruft gegen Mitternacht bei der Polizei an: „Herr Inspektor, bitte schicken Sie mir sofort ein Sprengkommando." „Frau Müller, was ist passiert und wozu brauchen Sie das Sprengkommando? „Herr Inspektor, in meinem Bett liegt ein Blindgänger." ☹

☺ „Wieso hat der Weihnachtsmann so einen großen Sack?" „Weil er nur einmal im Jahr kommt." ☹

☺ „Sprechen Sie nach dem Sex mit Ihrer Frau?" „Wenn ein Telefon in Reichweite ist." ☹

Der lexikalische Eintrag

PENISRING

Penisringe *(englisch: cockrings)* sind meistens aus Kautschuk, Stahl oder Edelmetall gefertigt. Sie erschweren das Zurückfließen des Blutes aus den gefüllten Schwellkörpern. Eine beginnende oder bereits bestehende Erektion bleibt länger erhalten, wenn rechtzeitig ein **Penisring** über das Glied gestreift wird.

SEXSPIELZEUG SELBERMACHEN

Wieso ein Vermögen in siffigen Sex-Shops lassen oder mit verschämt gerötetem Gesicht die auffällig unauffälligen Päckchen des Internet-Versenders abends bei der Nachbarin abholen, wenn Mann und Frau sich auch selbst helfen können:*

Kürbis oder Honigmelone (für Männer)

Kürbisse und Honigmelonen haben die wunderbare Eigenschaft, innen ganz weich und glitschig zu sein, und genau die richtige Größe, um als Sexspielzeug gebraucht zu werden. Einfach ein Loch in die Außenschale schnitzen und fertig! Der Connoisseur legt das Früchtchen noch in die Mikrowelle – allerdings nicht zu lange, sonst platzt es …

WERTUNG: ☺☺

Plastiktüte (für Männer)

Eine Plastiktüte kann in eine warme und feuchte Vagina verwandelt werden, die Herstellung ist aber auch ein wenig aufwendig und fummelig. Trotzdem: Die Tüte mit nicht zuviel warmem Wasser füllen und mit einem festen Band zubinden. Das obere und untere Ende übereinander klappen und mit Klebestreifen (am besten mit Paketklebeband) festkleben. Jetzt noch etwas Gleitmittel drauf, und es flutscht. Wesentlich eleganter geht es übrigens mit einem Gefrierbeutel, wenn man ein entsprechendes Verschweißgerät benutzt.

WERTUNG: 😐

Die Ballonmöse (für Männer)

Einen sehr ausgefeilten Vaginaersatz kann Mann sich mit einem Kissen, vier Ballons, einem Gürtel und einer Mülltüte herstellen: Die vier Ballons mit warmem (nicht heißem) Wasser füllen und gut zuknoten. Dann ein großes, festes Kissen

* Wie alle Heimwerkertätigkeiten sind auch die hier vorgeschlagenen Basteleien unfallbehaftet und die Ergebnisse in einigen Fällen möglicherweise gesundheitsschädlich. Jeder Nachbau erfolgt auf eigene Gefahr.

zu einer Röhre zusammendrehen und mit einem Gürtel (oder einer Schnur) fixieren. Die vier Ballons nebeneinander in die Röhre stopfen. Nun eine Plastikmülltüte in die enge, warme Öffnung zwischen den Ballons schieben, Gleitmittel auftragen und … fertig!

WERTUNG: ☺

Ballon (für Frauen)

Einen Ballon mit warmem Wasser füllen und gut zuknoten. Nun den Ballon mit Babyöl beschmieren und an der Klitoris reiben. Allein das Rubbelgeräusch ist aufregend – ein wenig Druck und die Hitze tun ihr Übriges: Einem wunderbaren Orgasmus steht nichts mehr im Wege.

WERTUNG: ☺

Das Laken (für Frauen)

Auch auf Reisen einfach zu bewerkstelligen: Sich einfach auf den Rücken legen, ein Laken zwischen den Füßen einklemmen und das andere Ende in die Hand nehmen. Der Rest erklärt sich von selbst. Die Variationsmöglichkeiten – mit Dildo oder ohne, Rubbeln, leichtes Klopfen – sind erstaunlich. Auch mit einem Handtuch funktioniert's.

WERTUNG: ☺

Banane (für Frauen)

Eine möglichst unreife, große Banane abpellen, ein Kondom drüber rollen und am Ende verknoten, funktioniert also wie die Gurke oder die Zucchini, riecht aber fruchtiger, kann dafür aber leichter zerquetscht werden.

WERTUNG: ☺ bis ☺☺

Luftpolsterfolie (für Männer)

Einen ausreichend breiten Streifen Luftpolsterfolie zu einer Röhre rollen, die Luftpolster müssen innen liegen.

Nun ein Handtuch um die Röhre wickeln, um einen besseren Griff zu haben. Gleitmittel in die Folie, und los geht's.

WERTUNG: ☺

Zucchini, Gurke, Maiskolben (für Frauen)

Diese Gemüsesorten haben die richtige Größe, um als kostengünstige Dildo-Alternative benutzt zu werden. Es empfiehlt sich aber, ein Kondom darüber zu ziehen. Bei der Zucchini ist das allein schon wegen ihrer rauhen Haut unerlässlich, aber auch bei Maiskolben und Gurken zu empfehlen, da heutzutage praktisch jedes zu erstehende Gemüse chemisch behandelt ist.

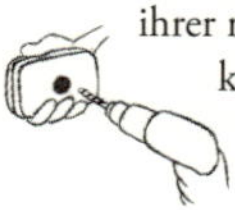

WERTUNG: ☺☺

Die Seife (für Männer)

Ein genial einfaches Sexspielzeug und rasant schnell gebaut: Ein Stück Seife mit gerade ausreichendem Durchmesser durchbohren, lieber etwas zu klein als zu groß. Je größer das Stück, desto besser. Nun mit der Seife unter die Dusche und loslegen.

WERTUNG: ☺

Kugelschreiber & Stifte (für Frauen)

Auf keine Fall sollten Farbstifte, Bleistifte oder Kugelschreiber in die Vagina eingeführt werden, denn die in den Stiften enthaltene Farbe kann die chemische Zusammensetzung der Scheidenflora empfindlich stören und Entzündungen und Infektionen hervorrufen.

WERTUNG: ☹☹

Der Beachball (für Frauen)

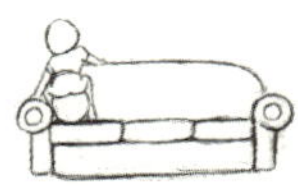

Frau nehme einen kleinen Beachball und blase ihn halb auf. Jetzt eine möglichst enge Hose anziehen und den Ball zwischen den Beinen platzieren. Wenn der Ball zu weich ist, noch ein wenig mehr auffüllen. Jetzt so hinsetzen, dass der Ball sich genau unter der Klitoris befindet und in der Nähe eine Möglichkeit zum Abstützen besteht: Sofa- oder Stuhllehnen sind zum Beispiel gut geeignet. Und nun auf dem Ball reiten, springen, ihn drücken und rubbeln, bis sich nach

wenigen Minuten ein erstaunlicher Orgasmus einstellt. Einfach und effektiv.

WERTUNG: ☺

Rohrisolierung (für Männer)

Dieses Spielzeug ist wirklich simpel: Man besorge sich ein Stück flexible Rohrisolierung, z. B. aus Kautschuk und achte dabei auf den passenden Durchmesser. Zurechtschneiden, gut spülen, das eine Ende mit Gleitmittel auskleiden, aufsetzen und das andere Ende an den Mund; beim Bewegen kräftig saugen. Je nach Material und dessen Ausdünstungen allerdings nicht ohne Gefahr für die Gesundheit.

WERTUNG: ☺

Flaschen (für Frauen)

Es ist nicht empfehlenswert, einen offenen Flaschenhals in die Vagina einzuführen und damit zu masturbieren – der entstehende Unterdruck kann die Gebärmutter verletzten und in den Vaginalkanal ziehen.

WERTUNG: ☹☹

Wachsdildo (für Frauen)

Man benötigt dazu ca. 3–4 größere Kerzen. Die Kerzen anzünden und das flüssige Wachs langsam in ein ausgerolltes Kondom tropfen lassen, bis es bis obenhin voll ist. Das Kondom mit einer Schere oder einem Messer entfernen. Das dauert eine kleine Ewigkeit, aber die Belohnung ist ein schöner und weicher Dildo aus Wachs. Vor der Benutzung ein neues Kondom überziehen, damit sich kein Wachs an der Scheidenwand abreibt.

WERTUNG: ☺

Staubsauger (für Männer)

Masturbation mit dem Staubsauger kann für den Penis gefährlich enden, denn wenn das Saugrohr sich an der Haut festsaugt, entsteht ein starker Unterdruck, der schmerzhafte Verletzungen verursacht. (Außerdem ist der Propeller oftmals gefährlich dicht am Saugrohr positioniert.)

WERTUNG: ☹☹

Zwei Schwämme (für Männer)

Zwei Schwämme mit möglichst glatter Oberfläche mit warmem Wasser voll saugen lassen, auswringen und einen großen Plastikbecher damit auskleiden, Gleitmittel rein, fertig.

WERTUNG: 😐

Elektrischer Strom (für Männer & Frauen)

Hüten Sie sich vor Experimenten mit elektrischem Strom aus der Steckdose – die Anwendung ist sehr gefährlich und kann leicht zum Tode führen. Wenn sie an Elektrosex interessiert sind, verwenden Sie medizinische Reizstromgeräte und speziell dafür entwickeltes Elektrosex-Zubehör; diese sind für den menschlichen Körper meist ungefährlich.

WERTUNG: ☹☹

Waschmaschine (für Männer & Frauen)

Wer eine Waschmaschine im Haushalt hat, besitzt gleichzeitig auch ein wirkungsvolles Sexspielzeug. Denn sie ist während des Waschvorgangs warm und vibriert – nur leider ist sie meist ziemlich schwer und unförmig. Trotzdem lohnt es sich beim Schleuderprogramm, wenn sich „Frau" draufsetzt bzw. „Mann" sich dagegen stellt.

WERTUNG: ☺

Rasierpinsel (für Männer & Frauen)

Mit einem weichen Rasierpinsel kann man nicht nur Rasierseife auf dem Gesicht verteilen, sondern er kann auch zu sehr lustvollen Streichelspielen gebraucht werden.

WERTUNG: ☺

Blumenvase (für Männer)

Blumenvasen und ähnliche zerbrechliche Gegenstände können im Eifer des Gefechts zersplittern und deren Scherben tiefe Schnittverletzungen am Penis hervorrufen.

WERTUNG: ☹

DIE WEIBLICHE ONANIE

Beim weiblichen Geschlecht dürfte die kohabitoide Form, bei der ein phallusersetzender Gegenstand bis zum Orgasmus in der Scheide hin- und hergeschoben wird, neben der Klitorisvibration die üblichste Onanieform sein. In erster Linie wird zu diesem Zweck ein Finger benutzt, gelegentlich auch zwei, oder ein künstliches Glied aus Gummi – es gibt solche mit milchgefüllten Druckballons – oder irgendein beliebiger Gegenstand. Seitdem sich der Anatom Hyrtl eine merkwürdige Sammlung von Körpern anlegte, die er bei Obduktionen aus dem oberen Scheidengewölbe entfernt hatte, zieht sich durch die Literatur ein seltsames Verzeichnis dieser Artikel, das mit Rüben, Bananen und Siegellackstangen zu beginnen und mit Rosenkränzen, Rasierpinseln, einem Maikäfer und einer zusammengeknitterten Speisekarte zu enden pflegt. Mir selbst teilte vor einiger Zeit ein Kollege folgenden Fall mit:

„Kürzlich onanierte in einem großen Werk eines Elektrokonzerns auf dem Abort eine Arbeiterin mit einer Selterwasserflasche. Durch die Bewegungen bildete sich in der Flasche ein Vakuum, das ein Herausziehen unmöglich machte. Auf ihr Stöhnen hin kam eine Kollegin zu Hilfe. Die Arbeiterin wurde ohnmächtig, worauf der Heilgehilfe des Werks sowie der Vertrauensarzt herzugerufen wurden. Bis zum Eintreffen des Arztes bemühten sich der Heilgehilfe und die Arbeitskollegin vergebens, den Eindringling zu entfernen. Der Arzt ließ sich einen kleinen Hammer geben, mit dem er den Boden der Flasche einschlug und erlöste die Arbeiterin von ihrem Übel."

Aus: Magnus Hirschfeld, Geschlechtliche Entwicklungsstörungen mit besonderer Berücksichtigung der Onanie, Bonn 1917.

— WAS BRINGT'S BEI IHR AM BESTEN? —

Cunnilingus erzeugt eindeutig den längsten, stärksten und nachhaltigsten Orgasmus. Das ließ sich bei computerunterstützten Messungen feststellen. Geschlechtsverkehr löst zwar einen punktuell genauso intensiven, aber wesentlich kürzeren und weniger dramatischen Orgasmus aus. Der Orgasmus beim Geschlechtsverkehr hebt sich nicht so deutlich von der vorausgehenden Erregungsphase ab, ist ohne die für Cunnilingus charakteristische Dynamik. Bei Cunnilingus wird ein Orgasmus im Durchschnitt nach weniger als der Hälfte der Zeit erreicht, die eine Frau beim Geschlechtsverkehr dafür braucht. Am wenigsten Eindruck hinterlässt die Klitorismassage. Sowohl auf dem Computer-Bildschirm als auch im subjektiven Erlebnis fällt die Reaktion der Frauen auf diese Art der Stimulierung gegenüber Cunnilingus und Geschlechtsverkehr weit zurück.

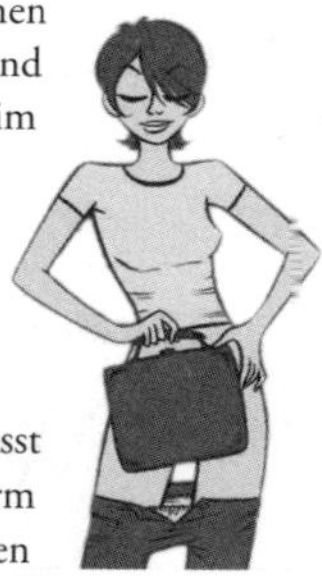

Manuelle Automanipulation kann wesentlich effizienter sein als jede andere Spielart von Geschlechtsverkehr oder Cunnilingus. Etwa jede dritte Frau (32 %) kommt überhaupt nur zum Orgasmus, wenn sie selbst mit Hand anlegt; bei der Klitorismassage sowieso, aber auch beim Geschlechtsverkehr.

	Anzahl der Scheidenkontraktionen – Maßzahl für die Intensität eines Orgasmus:
Cunnilingus	6,5
Geschlechtsverkehr	4,3
Handmassage	3,5

DAS EROTISCHE GEDICHT

François Villons Ballade eines Zuhälters über sein Mädchen, die dicke Margot, ist weltberühmt. Klaus Kinski Interpretation dieser Ballade (neben der des noch berühmteren Villon-Gedichts „Ich bin so wild nach deinem Erdbeermund“) hat Kultstatus erlangt. Freilich hat der vorgetragene Text wenig mit Villon zu tun, denn der Übersetzer Paul Zech schuf eher eine Nachdichtung als eine getreue Übertragung. Die unten abgedruckte Übersetzung von Paul Fischer behält dagegen das Reimschema des Originals bei, ist allerdings nicht weniger saftig:

François Villon (1431–1463)
Ballade von der Dicken Margot

Wenn ich die Schöne liebe dienstbereit,
bin ich darum ein Schurke, ein Fallot?
Sie hat für Sonderwünsche immer Zeit,
ich greif zu Schwert und Schild auf ihr Gebot.
Wenn Kundschaft kommt, so hat es keine Not,
ich bin ganz still, hol eine Kanne Wein,
bring Wasser, Käse, Brot und Obst herein.
Und wenn sie zahlen, sag ich: „Bene stat.
Und laden Sie sich wieder bei uns ein,
in unsrer Wirtschaft hier läuft so was glatt.“

Doch hin und wieder gibt es großen Streit,
ich hasse plötzlich sie bis auf den Tod,
kommt ohne Geld sie heim zur Schlafenszeit.
Ich schnapp mir Jacke, Spange, Kleid, weißgott,
das gibt für mich ein Kleingeld in der Not.
„Du Antichrist!“, stemmt sie die Arme ein
und flucht bei Christi Tod und kreischt gemein:
„Die Pfoten weg!“ Mein Stock weiß da gleich Rat,
bläut ihrer Nase meine Handschrift ein,
in unsrer Wirtschaft hier läuft so was glatt.

Herrscht wieder Ruhe, furzt die kesse Maid
und stinkt wie giftgeschwollner Käferkot.
Sie krault mir meinen Schopf, es tut mir leid:
„Gogo!“, scherzt sie und macht mich wieder flott.
Dann schlafen wir besoffen und halbtot.
Und wacht sie auf, fällt's ihr auf einmal ein,
und sie besteigt mich, schont ihr Schwangersein.
Ich stöhne, wunderbar, sie drückt mich platt,
mit ihrer Geilheit kriegt sie mich ganz klein,
in unsrer Wirtschaft hier läuft so was glatt.

Mein Brot ist mein, mag's stürmen, hageln, schnein.
Bei Huren muß man Hurentreiber sein.
Und wer ist mehr? Gemein ist gleich gemein,
wir sind als Ratz und Katz durchaus auf Draht.
Wir sind nicht fein und werden auch nicht fein
und lassen uns auf Anstand gar nicht ein,
in unsrer Wirtschaft hier läuft so was glatt.

Der lustige Fetischismus, Teil I:

GEHÖRSCHUHFETISCHISMUS

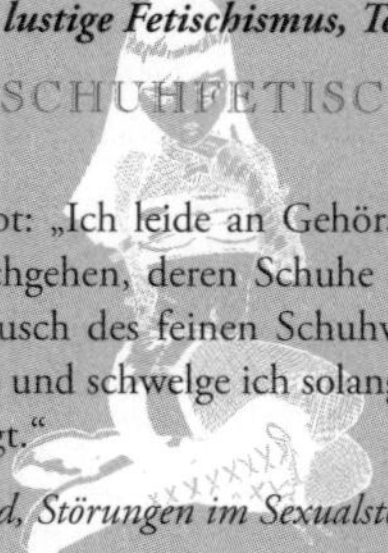

Ein Lehrer schreibt: „Ich leide an Gehörschuhfetischimus und muß Frauen nachgehen, deren Schuhe beim Gehen knarren. Das taktmäßige Geräusch des feinen Schuhwerks erregt mich geschlechtlich ungemein und schwelge ich solange in diesen Tönen bis der Samenerguß erfolgt.“

Aus: Magnus Hirschfeld, Störungen im Sexualstoffwechsel, Bonn 1920.

Der lexikalische Eintrag

PETTING

Von englisch *to pet* = knutschen. Sexuelle Aktivitäten eines Paares einschließlich eventueller ein- oder wechselseitiger Masturbation, aber unter Ausschluss des Geschlechtsverkehrs. In den USA gibt es eine regelrechte Pettingkultur, die für Jugendliche die Bereitschaft zu und ab einem gewissen Alter die Erfahrung mit Petting normativ erwartet. In Europa ist eine regelrechte Pettingphase unbekannt, wiewohl Petting fast ausnahmslos die ersten sexuellen Erfahrungen junger Europäer kennzeichnet.

Prof. Habermehls wissenschaftlicher Exkurs I:

SO FÄNGT DAS GANZE AN …

Sexuelle Regungen treten bereits vor der Geschlechtsreife in Erscheinung. Mit der Geschlechtsreife geht nicht nur die Fortpflanzungsfähigkeit einher, sondern bei Frauen kommt es auch zu den Regelblutungen, die eine Einstellung darauf in hygienischer Hinsicht sowie im Blick auf die häufigen Menstruationsbeschwerden erfordern. Außerdem entwickeln beide Geschlechter ein deutlich verstärktes Interesse an Sexualität. Dies allerdings wesentlich prägnanter bei den Männern als bei den Frauen. Minimale Stimuli bedingen – meistens mehrmals täglich – starke Tumeszenzen. Wenn die jungen Männer nicht regelmäßig masturbieren, kommt es bei ihnen außerdem zu frequenten Pollutionen (unwillkürlichen Samenergüssen) während des Nachtschlafs.

Nach Eintritt der Geschlechtsreife verändert sich die Sexualität physiologisch zunächst nur unauffällig. Bei den Männern bleibt das sexuelle Verlangen (die Libido) für über zwei Dezennien annähernd auf demselben Niveau, das gilt bei ansonsten gleichbleibenden Bedingungen, insbesondere des gesundheitlichen Zustandes, auch für die Potenz. Zwar tritt eine gewisse Abschwächung gewöhnlich schon früher ein, bleibt aber unauffällig und wird meistens erst im fünften Lebensjahrzehnt (zwischen 40 und 50) bemerkt.

Bei den Frauen ist der Eintritt der Geschlechtsreife mit weniger dramatischen Veränderungen der Libido verbunden. Diese fallen zwar deutlich auf, sind jedoch weit weniger ausgeprägt als bei den Männern. Unter anderem sind unwillkürliche Orgasmen selten und auch die Masturbation ist weitaus weniger verbreitet und selbst bei den masturbierenden Frauen weniger häufig als bei den Männern.

Die Libido der Frauen scheint indessen – im Unterschied zu der der Männer – während der folgenden zwei Dezennien eher zu- als abzunehmen. Dies hängt vermutlich damit zusammen, dass die geringere Masturbationshäufigkeit der Frauen den Erwerb von Kenntnissen über den persönlichen Reaktionsablauf verlangsamt und dadurch jüngere Frauen nach den ersten sexuellen Erfahrungen und der Kohabitarche eine durch zunächst geminderte Appetition gekennzeichnete Einstellung zur Sexualität einnehmen lässt, die sich erst mit wachsender sexueller Erfahrung wandelt.

FORMEN DES KOPFFETISCHISMUS NACH HIRSCHFELD

MASTURBATION, LATEINISCH BETRACHTET

Die experimentelle Erforschung der Sexualität stieß seit jeher auf die Widerstände der Kirche. Und so ist die Sexualphysiologie, die die körperlichen Reaktionen auf sexuelle Reize untersucht, ein bis heute vernachlässigter Zweig der Wissenschaft.

Die erste deutsche Mitteilung über eine im engeren Sinne sexualphysiologische Untersuchung stammt aus der DDR. Gerhard Klumbies und Hellmuth Kleinsorge von der Medizinischen Universitäts-Poliklinik Jena beobachteten 1950 die kardiovaskulären Reaktionen eines Mannes und einer Frau beim sexuellen Phantasieren beziehungsweise beim Masturbieren.

Damit diese Untersuchungen freilich nicht allzu viel Aufsehen machten, veröffentlichten sie die nähere Beschreibung ihres Vorgehens nur auf Latein und beließen es in der Folge auch bei diesem einen Experiment.

Der lexikalische Eintrag

PHIMOSE

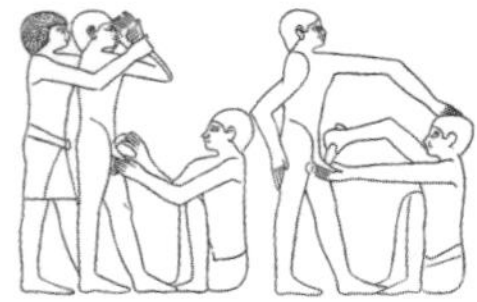

Vorhautverengung, die das Zurückziehen der Vorhaut über die Eichel verhindert.
Eine Phimose führt beim Geschlechtsverkehr zu Schmerzen, ist außerdem hygienisch bedenklich.
Sie kann durch Beschneidung behoben werden.

RASANT

Siebenunddreißig Prozent der bundesdeutschen Sportwagen-Fahrer leiden unter vorzeitigem Samenerguss. Dem Hang zur Raserei mit Bleifuß und zum Kavaliersstart entspricht beim Sex die Tendenz zur verfrühten Ejakulation. Die Sportwagen-Fahrer können sich nicht bremsen. Sie müssen immer Vollgas geben. Statt sich für den Liebesgenuss Zeit zu nehmen, hasten sie unwillkürlich zum Orgasmus, frustrieren ihre Partnerin und erleben selbst den Sex nur voller Hektik und auf die Schnelle. Die Ursache dafür sind meistens berufliche Probleme, oft auch Schulden oder sexuelle Minderwertigkeitskomplexe.

Schwellkörper

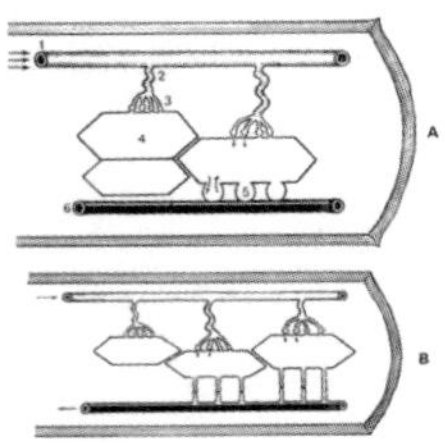

A: Erektion
1. Arteria cavernosa
2. Korkenzieherförmige Arterie
3. Gefäßbündel
4. Anastomase
6. Vene
Hülle: Malpighisches Netz

B: Destumeszenz
Die Anastomosen öffnen sich, das Blut fließt aus den Kammern ab.

WIE ERKENNE ICH SELBSTBEFRIEDIGUNG?

Was nun die objektive Erkennung der Selbstbefriedigung betrifft, so kann der Satz vorangestellt werden, daß es einen exakten Beweis der Onanie nicht gibt, es sei denn, daß jemand auf frischer Tat ertappt ist, oder daß man die in einer weiblichen Vagina gefundenen Fremdkörper als ein untrügliches Indizium erachtet. Selbst die in der Bettwäsche, in Taschentüchern und Handtüchern oder an Kleidern vorhandenen Samenflecken sind keine sicheren Zeichen, denn sie können auch eine Folge unfreiwilliger Samenabgänge oder regulärer Kohabitation sein. Immerhin ist es sehr verdächtig, wenn wiederholt in Taghemden steife, weißgraue, von der Umgebung sich ziemlich scharf abhebende Stellen beobachtet werden. Ist man im Zweifel, ob es sich tatsächlich um Samenflecken handelt, so kann durch folgende Methoden der Nachweis erbracht werden:

Ein verdächtiges Leinwandstück von ungefähr 2 qcm wird in eine 4 ccm konzentrierte Schwefelsäure und 1 cm Wasser enthaltende Eprouvette gebracht. Durch tüchtiges Schütteln erhöht sich beim Vermischen von Säure und Wasser die Temperatur auf 82 Grad. Nun gießt man rasch 15 ccm kaltes Wasser in die vorher durch einen Wasserstrahl erkaltete Eprouvette. Eine große Anzahl von Gasbläschen steigt an die Oberfläche, sowie Klümpchen, welche die Spermatozoiden und die Epithelzellen enthalten. Diese Klümpchen werden auf einem Objektträger ausgebreitet und drei- bis viermal durch die Flamme gezogen, um sie zu fixieren. Falls keine Klümpchen auf die Oberfläche steigen, verdünnt man die Schwefelsäurelösung mittels 15 Volumenanteilen und zentrifugiert; dann befinden sich die Spermatozoiden im Bodensatz.

(...)

Keinesfalls angängig ist es, aus dem scheuen Gebaren, dem verlegenen Wesen, dem verstockten Gesichtsausdruck, den blauen Ringen unter den Augen oder den eingefallenen Wangen heranwachsender Jünglinge und Jungfrauen Onanie zu folgern.

Alles dies hat gewöhnlich ganz andere Ursachen und ist durchaus nicht beweisend. Es muß dies umso mehr betont werden, als sich die Onanisten selbst oft den größten Befürchtungen hingeben, jedermann könne ihnen ihr geheimes Laster ansehen. Ängstlich stellen sie sich vor den Spiegel, prüfen ihre Gesichtszüge und beunruhigen sich in gänzlich ungerechtfertigter Weise.

Aus: Magnus Hirschfeld, Geschlechtliche Entwicklungsstörungen mit besonderer Berücksichtigung der Onanie, Bonn 1917.

Der lexikalische Eintrag

ZUNGENKUSS

Der Zungenkuss ist eine der intimsten Formen der Zärtlichkeit. Er wurde früher als ein Versprechen auf „mehr“ verstanden. Heute wird der Zungenkuss als selbstverständlicher Bestandteil des Petting angesehen, der zu nichts weiter verpflichtet. In jedem Fall lässt er aber Rückschlüsse auf die wechselseitige sexuelle Anziehung der Partner zu: Wer durch die Zungenküsse des Partners stark erregt wird, kann hoffen, auch sonst sexuell gut mit ihm zu Recht zu kommen.

REKTAL-ONANIE ODER WIESO FRANZOSEN SO GERNE ORANGINA TRINKEN

Was will uns nebenstehendes Bild sagen? Eine birnenförmige Flasche (z. B. Orangina) eingeklemmt zwischen Kreuzbein und Dammuskel, reizt durch Druck die Prostata.

Achtung: Pfandflasche!

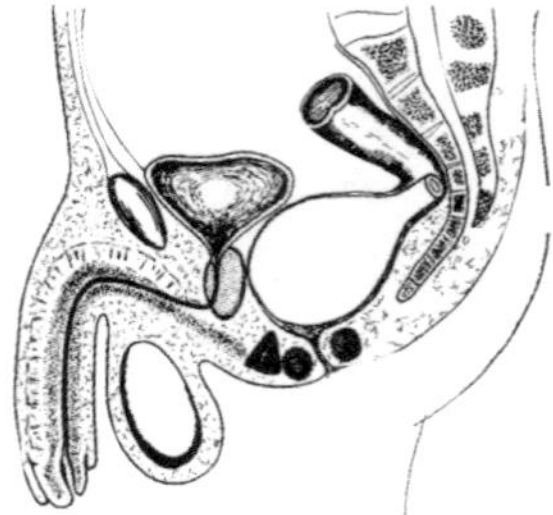

Der lexikalische Eintrag

PRÄSERVATIVTROCKNER

Aus Plastik hergestellter Aufspanner zum Trocknen nach Gebrauch gespülter und gereinigter Präservative. Wird von den Herstellern insbesondere für Spezialkondome angeboten, die nicht der Empfängnisverhütung, sondern der Steigerung des Vergnügens am Geschlechtverkehr dienen, zum Beispiel durch die Beschichtung mit Noppen, Stacheln, Hahnenkämmen usw. Die Mehrfachbenutzung von Präservativen, die der Empfängnisverhütung dienen sollen, ist wegen der Empfindlichkeit des Materials bedenklich.

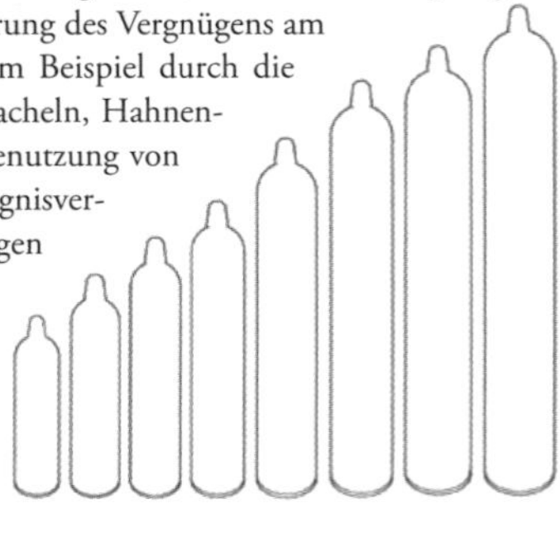

PORNO

Von altgriechisch *πορνη*. Jargonhafte Abkürzung für pornographische Werke. Insbesondere Filme und Bücher werden mit diesem Begriff belegt. Unser Strafgesetzbuch (§ 184) unterscheidet zwei Sorten von Pornos: Die eine Sorte ist in erster Linie für Jugendliche verboten. Die Bandbreite reicht dabei von Oralsex-Streifen bis zu Filmen mit Urin- und Kotspielen. Die andere Sorte ist generell – auch für Erwachsene – verboten. Dazu gehören alle Filme, die Sex mit Gewalt, Sex mit Kindern oder Sex mit Tieren zeigen. Die Strafen gehen bis zu einem Jahr Gefängnis. Als erste Instanz wacht in Deutschland die Bundesprüfstelle für jugendgefährdende Schriften darüber, dass gefährliche Pornos nicht in Umlauf kommen.

MÄNNER, SEHT DIE SIGNALE!

Vierundachtzig Prozent der Frauen, die gern Strapse tragen, machen auch gerne Oralsex. Für die Männer ist der Abdruck eines Strumpfhalters unter engen Röcken oder Hosen deshalb ein eindeutiges Signal: Diesen Frauen macht es Spaß, den Partner mit heißen Zungenspielen zu verwöhnen. Mundverkehr ist für sie keine Pflichtübung, sondern ein besonderer Genuss. Und die meisten von ihnen (67 %) kennen kein Zurück. Sie kosten vergnügt alle Wonnen dieser Praktik aus – bis zum Orgasmus.

SPORT

Erotische Sportarten

Beachvolleyball Eiskunstlauf Squash Turnen Schwimmen

Unerotische Sportarten

Motorsport Schach Boxen Skispringen Golf

Der lexikalische Eintrag

TESTOSTERON

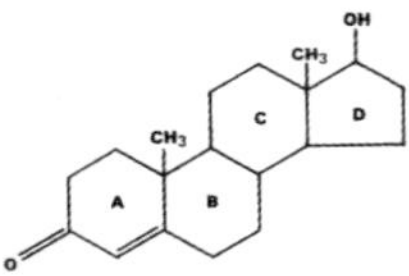

Testosteron ist ein männliches Geschlechtshormon. Es ist eines der Androgene, die unter anderem die charakteristische Ausbildung der Geschlechtsmerkmale (Behaarung, Körperform usw.) sowie Aktivität Lebenslust und Libido steuern. Es hat aber auch negative Effekte: So aktiviert Testosteron beispielsweise das Wachstum von Prostatakrebs, und es erhöht die Gefahr für Thrombosen (Blutpfröpfe) und Herzinfarkte. Testosteron steht auch mit aggressiven Verhaltensweisen im Zusammenhang.

Das Wort Testosteron ist gebildet aus den Bestandteilen Testikel (das sind die Hoden) und Steroid. Während andere Sexualhormone (wie Nandrolon) auch in der Nebennierenrinde gebildet werden, entsteht Testosteron fast ausschließlich im Hoden (genauer gesagt: in den Leydigschen Zwischenzellen). Auch Frauen produzieren geringe Mengen Testosteron in den Eierstöcken.

WUNSCH UND WIRKLICHKEIT

In einer Umfrage des Instituts für Erfahrungswissenschaftliche Sozialforschung (GEWIS) gaben westdeutsche Männer ihre – freilich selbst gemessene – Penislänge mit 16,9 cm im erigierten Zustand an, ostdeutsche vermuteten sogar einen 17,5 cm steifen Wurmfortsatz. Alfred Kinsey hatte bei seinen Untersuchungen unter amerikanischen College-Studenten einen Durchschnittswert von unter 16 cm ermittelt – auch hier durften die Jungs selbst den Zollstock anlegen.

Lustigerweise „schrumpft" das gute Stück des Mannes doch ganz beträchtlich, wenn die Wissenschaftler selbst zur Messlatte greifen und sich nicht auf die Langhuberei der Befragten verlassen: Eine Studie unter 60 kalifornischen Männern ergab eine Durchschnittslänge von 14,3 cm, was sich mit einer Studie unter 150 brasilianischen Männern deckt: Auch hier nur 14,5 cm. Die Universität Essen maß im Auftrag von ProFamilia durchschnittliche 14,48 cm. 2,5 cm weniger oder mehr sind übrigens ganz normal.

Die größten Übertreiber sind freilich nicht die Männer, sondern deren Freundinnen und Frauen: Bei einer Diskussion auf der Internetseite *www.planet-liebe.de* wollte keine der zahlreich teilnehmenden Frauen bei ihrem Lover eine Penislänge von unter 18 cm gemessen haben. Einige schätzten den Durchmesser ihres persönlichen Zauberstabs auf 7 cm – das entspricht einer handelsüblichen Mineralwasserflasche!

14,3 cm:	University of California, San Francisco (1998)
14,48 cm:	Universität Essen/ProFamilia (2000)
14,5 cm:	brasilianische Studie
14,8 cm:	Studie des Kondomherstellers LifeStyles (2002)
*15,5 – 16,0 cm:	Kinsey Sex-Report (1938 – 1963)
*16,1 cm:	Studie von Durex und Men's Health (2005)
*16,9 cm:	GEWIS-Studie (1992, alte Bundesländer)
*17,5 cm:	GEWIS-Studie (1992, neue Bundesländer)

* bei diesen Studien wurde die Länge erfragt und nicht selbst gemessen.

Prof. Habermehls wissenschaftlicher Exkurs II:

BEHAART ODER LIEBER GLATT? —

Die Behaarung des Mannes war immer ein Symbol seiner männlichen Kraft. Speziell Brusthaar und Bartwuchs zählen überall zu den Insignien der Männlichkeit. Der Kopf kann ruhig kahl sein. Ausschlaggebend sind Körper und Kinn. Was da wächst oder nicht wächst, entscheidet selbst über so periphere Aspekte des Mannseins wie Trinkfestigkeit. Die wissenschaftliche Forschung hat diese These mehrfach überraschend bestätigt. Der „maskuline Behaarungstyp", wie er in der Fachsprache heißt, verfügt tatsächlich über eine deutlich höhere Alkoholtoleranz als der „feminine Behaarungstyp". Und er ist auch in anderer Hinsicht überlegen. Zum Beispiel was die Voraussetzungen der Muskelbildung angeht. Bisher noch nie untersucht wurde allerdings der letzten Endes maßgebliche Punkt: die sexuelle Potenz.

Das Institut für Geschlechtskunde der Gesellschaft für Erfahrungswissenschaftliche Sozialforschung hat diese Lücke geschlossen. In der über alle bisherigen sexologischen Experimente weit hinausgehenden Studie wurde an einer repräsentativen Stichprobe deutscher Männer erstmalig den Zusammenhang zwischen Körperbehaarung und Potenz untersucht: Sind stark behaarte Männer im Bett leistungsfähiger? Haben sie nachweislich mehr Durchhaltevermögen? Und vor allem: Erreichen sie eher multiple Orgasmen als schwach behaarte Männer?

Lange Zeit war man der festen Überzeugung, dass Männer überhaupt keine multiplen Orgasmen erleben könnten. Die Sexualphysiologen der 50er und 60er Jahre hatten ihn zu einem Privileg der Frau erklärt. Und

bei dieser Lehrmeinung war es geblieben, obwohl Kritiker schon damals bemängelten, dass überhaupt nie versucht worden war, multiple Orgasmen beim Mann zu beobachten. Das Verdikt über den multiplen Orgasmus des Mannes stützte sich allein auf theoretische Überlegungen.

Doch warum theoretisieren, wenn man im Labor leicht die Probe aufs Exempel machen kann? Es ist ja einfach zu ermitteln, ob und, wenn ja, wie oft Männer kurz hintereinander einen Orgasmus haben können. Nach dem Behaarungstyp ausgewählte Versuchsteilnehmer wurden deshalb aufgefordert, möglichst mindestens zweimal innerhalb einer vorgegebenen Zeitspanne zu ejakulieren. Für 95 % ergab sich daraus nicht das geringste Problem. Erst die schrittweise Verringerung dieser Spanne führte manchmal zu Schwierigkeiten. Aber selbst unterhalb der 15-Minuten-Marke hielten immerhin 72 % noch weiter mit.

Spannung kam auf, als die Zahl der geforderten Ejakulationen von zwei auf drei und vier erhöht wurde. Da mussten viele schließlich doch passen. Und es ergab sich eine klare Rangordnung: Je männlicher der Behaarungstyp, desto größer das Potential für multiple Orgasmen. Auch die beiden Männer, die fast mühelos innerhalb einer halben Stunde sechsmal ejakulierten, gehörten demgemäß zum männlichen Behaarungstyp. Offenbar deutet ein kräftiger Bartwuchs und sprießendes Brusthaar in der Tat auf ausgeprägte Maskulinität und überdurchschnittliche Potenz hin.

EIWEISS-FLIP

Das Ejakulat des Mannes füllt beim ersten Orgasmus durchschnittlich ein halbes Schnapsglas: 9 ml. Beim zweiten innerhalb kurzer Zeitspanne sind es nur noch 3 ml, beim dritten unter 1,5 ml. Für die subjektiv empfundene Wohltat macht das jedoch keinen Unterschied.

Allerdings haben 83 % aller bundesdeutschen Männer pro sexueller Begegnung meistens nur ein- oder zweimal einen Orgasmus.

DAS LUSTHECHELN

Der Orgasmus sowie jeweils eine kurze Spanne davor und danach imponieren durch charakteristische Hyperventilation. Die höchsten Atemfrequenzen, die die Sexualforscher Masters und Johnson beobachteten, kamen in die Nähe von 40 Atemzügen pro Minute. Man spricht seither auch von Lusthecheln.

DIE 7 ARTEN DER LIEBE NACH DEM KAMASUTRA

1. Liebe aus Leidenschaft

2. erweckte Liebe

3. künstliche Liebe

4. übertragene Liebe

5. Eunuchenliebe

6. enttäuschende Liebe

7. unbegrenzte Liebe

1. Finden Mann und Frau, die einander schon längere Zeit lieben, nach vielfachen Hindernissen endlich zueinander, oder kehrt einer von beiden von einer Reise zurück, oder versöhnen sie sich nach einem Streit mit darauf folgender Trennung, so ist dies „Liebe aus Leidenschaft". Dabei benehmen sie sich, wie sie wollen.

2. Vereinigen sich zwei Menschen, deren Neigung noch in den Anfängen steckt und erst später entflammt, so nennt man dies „erweckte Liebe".

3. Vollzieht ein Mann den Beischlaf, indem er sich selbst durch Anwendung der 64 Künste erregt oder haben beide andere Personen im Herzen, so nennt man dies „künstliche Liebe". Dabei sind alle Mittel und Ratschläge des Kamasutras genaustens zu beachten.

4. Wenn der Mann vom Beginn des Beischlafs bis zur vollen Wollust stets an eine andere denkt, die er liebt und zu besitzen vermeint, so ist dies die „übertragene Liebe".

5. Begattet ein Mann eine Wasserträgerin oder Dienerin aus niedrigerer Kaste allein der einmaligen Befriedigung willen, so nennt man dies „Eunuchenliebe". Dabei hat der Mann sich äußerer Berührungen, Liebkosungen und Küssen zu enthalten.

6. Beischlaf einer Hetäre mit einem Bauern oder eines Lebemannes mit Dorfweibern ist „enttäuschende Liebe".

7. Die „unbegrenzte Liebe" entsteht zwischen Personen, welche miteinander übereinstimmen.

Das sind die Arten der Geschlechtsliebe.

GLATZEN GEHÖREN INS BETT!

Die Männer mit den „nackten Schädeln", deren Qualitäten bereits vor zweieinhalb Jahrtausenden Aristoteles ins Grübeln brachten, bilden in puncto Potenz die absolute Spitzenklasse. An diesem Maßstab gemessen lassen sie alle anderen Männer weit hinter sich. Man weiß zwar immer noch nicht, warum das so ist, aber die Tatsache als solche lässt sich in computerunterstützten Analysen bis auf Herzschlag und Atemzug genau belegen.

Der lustige Fetischismus, Teil II:

KÄLTEFETISCHISMUS

Ein Betroffener berichtet: „Mein Interesse für ***abhärtende Kleidung*** ist noch immer sehr stark, und bei dem gleichen Interesse meiner Frau ist es nicht verwunderlich, daß wir häufig davon sprechen, so daß von meinem Betonen des Abhärtungsgedankens zweifellos viel in dieser Hinsicht auf meine Frau übergegangen ist. Wenigstens meint sie, von selbst nicht auf alles gekommen zu sein. Aber in der Sache herrscht völlige Harmonie unserer Meinungen. Der Unterschied ist nur der, daß bei mir der Gedanke und Anblick solcher ***Kältekleider*** oder von Bildern davon einen ***sexuellen Reiz*** ausübt, was bei meiner Frau natürlich nicht der Fall ist. Und sie hat auch keine Ahnung, daß dies bei mir der Fall ist, weiß überhaupt von solchen etwas konträren Empfindungen nichts. Sie ist in dieser Beziehung so rein und harmlos wie ein Kind." (...)

Die Phantasien bewegten sich dabei ausschließlich in der einen Richtung: ***halbwüchsige Mädels in leichtester Kleidung im Winter.*** Ich selbst bin übrigens, als ich im Winter 1915 bei Wigger in Partenkirchen war, in Gegenwart meiner Frau einmal ***meinem Triebe*** gefolgt und habe in der ***halbvereisten*** Partnach unter ***tief verschneiten*** Bäumen bei einigen Grad Kälte ein Bad genommen, was mir ausgezeichnet bekommen ist, während meine Frau es für einen entzückenden Dummenjungenstreich hielt, „den sie mir gar nicht zugetraut hätte".

Nach einjährigem Dienst an der Front kam ich in hiesigen Garnisonsdienst. So war ich im Lande. Unser militärisches Bureau, in dem ich arbeitete, sah auf den Schulhof einer höheren Knabenschule hinaus. Es interessierte mich da sehr, festzustellen, wie viel Jungens Sommer und Winter Wadenstrümpfe trugen. Zu gleichem Zwecke stellte ich mich mitunter mittags am Eingang der Mädchenschulen auf, um zu sehen, wie viel Kinder nach meinen Ideen gekleidet gehen."

Aus: Magnus Hirschfeld, Störungen im Sexualstoffwechsel, Bonn 1920.

Eine Zeichnung des Kältefetischisten. Ähnliche Anblicke sind freilich heutzutage in englischen Großstädten an jedem Wochenende – auch im Winter – zu machen. Die Schlittschuhe werden dort durch Flip-Flops ersetzt.

DIE USA UND DER SEX – EINE KLEINE JURISTISCHE HANDREICHUNG

Im Staat **Washington** (1) ist Sex mit einer Jungfrau verboten. Das Gesetz schließt auch die Hochzeitsnacht mit ein.

Silvester macht in Borger, **Texas** (2), nicht ganz so viel Spaß, denn folgende Dinge dürfen nicht geworfen werden: Konfetti, Gummibälle, Feuerwerkskörper, Staubwedel und Peitschen.

In **Florida** (3) ist Sex mit Stachelschweinen untersagt.

Wer sonntags in Providence, **Rhode Island** (4), einen fauligen Geschmack im Munde verspürt, hat es unter Umständen nicht leicht. Die Zahnbürste am Abend zuvor zum Reinigen des Motorrades benutzt und die Zahnpasta ist seit mehreren Monaten eingetrocknet? Oder einfach in einem fremden Bett aufgewacht? Pech gehabt: Es ist gesetzlich untersagt, Zahnbürste und Zahnpasta an denselben Kunden zu verkaufen. Mist!

Lastwagenfahrer dürfen sich in **Montana** (5) nicht alleine mit einem Schaf im Führerhaus befinden.

Per Gesetz ist es Friseuren in Omaha, **Nebraska** (6), verboten, einem Mann die Brust zu rasieren.

In der Stadt Alexandria, **Minnesota** (7), darf kein Mann mit seiner Frau schlafen, wenn er aus dem Mund nach Knoblauch, Zwiebeln oder Sardinen riecht. Wenn die Frau es verlangt, muss der Mann sich die Zähne putzen.

In Oblong, **Illinois** (8), ist es verboten, am Hochzeitstag mit der eigenen Frau zu schlafen, wenn man sich dabei auf einem Jagd- oder Angelausflug befindet

In der Stadt Newcastle, Bundesstaat **Wyoming** (9), ist Sex im Kühlhaus nicht gestattet.

Nun mal ein gutes Gesetz: Es ist Piloten in Columbia, **Pennsylvania** (10), verboten, weibliche Flugschülerinnen mit einem Staubwedel am Kinn zu streicheln, um ihre Aufmerksamkeit zu erregen.

Sex im Auto in Coer d'Arlene, **Idaho** (11), ist völlig problemlos, denn sich dem Auto nähernde Polizisten sind angehalten, hinter dem Wagen zu parken, dreimal zu hupen und dann anschließend zwei Minuten zu warten, ehe sie sich dem Wagen nähern.

In Ventura County, **Kalifornien** (12), ist es Hunden und Katzen verboten, ohne vorherige Erlaubnis miteinander Sex zu haben.

In Salem, **Massachusetts** (13), dürfen selbst verheiratete Paare in einem Hotel- oder Pensionszimmer nicht nackt schlafen.

Straßenflirts in Little Rock, **Arkansas** (14), werden mit einer Haftstrafe von 30 Tagen geahndet.

Sehr schade: In Ames, **Iowa** (15), gestattet es das Gesetz einem Ehemann nicht, nach dem Sex mehr als drei Schluck Bier zu sich zu nehmen, wenn er seine Ehefrau im Arm hält oder neben ihr im Bett liegt.

In Clawson, **Michigan** (16), existiert ein Gesetz, das es den Bauern erlaubt, mit ihren Schweinen, Kühen, Pferden, Ziegen oder Hühnern Geschlechtsverkehr zu haben.

In Tremonton, **Utah** (17), ist es Frau nicht erlaubt, in einem Krankenwagen Sex mit einem Mann zu haben. Wird sie in flagranti erwischt, kommt es zu einer Anklage und zu einer Veröffentlichung ihres Namens in der Zeitung. Der Mann geht völlig straffrei aus, sein Name wird nicht veröffentlicht.

Im gesamten Staat **Nevada** (18) ist es verboten, seine Frau zu betrügen, ohne ein Kondom zu benutzen.

In Sioux Falls, **South Dakota** (19), muss jedes Hotelzimmer mit zwei Betten ausgestattet sein. Es ist vorgeschrieben, dass zwischen den Betten mindestens ein Abstand von zwei Fuß bestehen muss, wenn ein Paar einen Raum für nur eine Nacht mietet. Es ist weiterhin untersagt, auf dem Boden zwischen den Betten Geschlechtsverkehr zu haben.

In Daytona Beach, **Florida** (3), verbietet es der Gesetzgeber, öffentliche Mülleimer sexuell zu belästigen.

In **Washington D.C.** (20) ist die einzig erlaubte Stellung die Missionarsstellung. Ist Bill Clinton jetzt vorbestraft?

Elche dürfen in Fairbanks, **Alaska** (21), nicht auf dem Bürgersteig kopulieren.

Auch in **Florida** (3) ist nur die Missionarsstellung erlaubt. Darüber hinaus darf man keinen Oralverkehr ausüben und nicht die Brüste seiner Frau küssen.

In der Kleinstadt Connorsville in **Wisconsin** (22) ist es dem Mann verboten, einen Schuss aus seinem Gewehr abzufeuern, während seine Frau einen Orgasmus hat.

Taxifahrern in **Massachusetts** (13) ist es nicht erlaubt, während ihres Dienstes auf den Vordersitzen Sex zu haben. (Wegen der Flecken auf den Sitzen?)

In San Francisco, **Kalifornien** (12), ist Oral-Sex grundsätzlich untersagt.

In Willowdale, **Oregon** (23), ist es ungesetzlich, wenn der Ehemann während des Geschlechtsverkehrs flucht oder seiner Frau Obszönitäten ins Ohr flüstert.

Der lexikalische Eintrag

BESCHÄLEN

Beschälen meint das Decken einer Stute durch einen Hengst. Im Dritten Reich wurde der Ausdruck zur herabwürdigenden Bezeichnung des Geschlechtsverkehrs zwischen sogenannten Nicht-Ariern, insbesondere Juden benutzt.

OHRENZEUGEN

63% der deutschen Männer lockt es, andere Paare beim Sex zu belauschen. Statt Porno-Video live dabei! Besonders den reifen Männern um 50 macht es Spaß, den Voyeur zu spielen. Auch wenn die belauschten Paare mal nicht übermäßig ansehnlich sind. Einhellige Meinung: Wenn's schon nicht erotisch ist, dann doch wenigstens lustig.

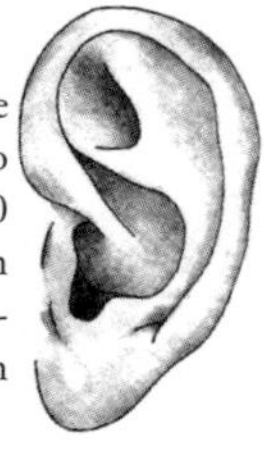

RUSS MEYER

Russ Meyer, der 2004 im Alter von 82 Jahren starb, war der König der großen Brüste. Seine Erotikfilme wie „Faster Pussycat! Kill! Kill!" oder „Beyond the Valley of the Dolls" haben Kultstatus erreicht, und nur der unbedarfte Beobachter fragt sich: Wieso eigentlich? Der Kenner weiß hingegen, dass Russ Meyer grundsätzlich einen Brustumfang von 120 cm als unabdingbare Qualifikation für eine Hauptrolle ansah und solch ein Qualitätsbewusstsein rechtfertigt natürlich höchste Weihen. Wer will, kann die durchaus gekonnt fotografierten Sex-Streifen als Satire anschauen – muss er aber nicht.

Russ Meyers Filme befinden sich beispielsweise im Museum of Modern Art (MoMA) in New York und der Cinémathèque française in Paris.

Inzwischen lernen auch deutsche Filmstudenten an diesem Anschauungsmaterial:

Russ Meyer-Filme in der Bibliothek der Hochschule für Film und Fernsehen Konrad Wolf in Potsdam-Babelsberg…

Russ Meyer's The Immoral Mr. Teas (1959)

Russ Meyer's Lorna (1964)

Russ Meyer's Mudhoney (1965)

Russ Meyer's Faster Pussycat! Kill! Kill!
(dt.: Die Satansweiber von Tittfield) (1966)

Russ Meyer's Vixen (1968)

Russ Meyer's Black Snake (1972)

Russ Meyer's Beneath the Valley of the Ultravixens
(dt.: Im tiefen Tal der Superhexen) (1979)

… es gibt freilich 22 weitere, die den Potsdamer Studenten vorenthalten werden.

GEBRÄUCHLICHE SYNONYME

Lümmeltüte
Pariser
Mondo
Gummi
Verhüterli
Überzieher
Regenmantel
Spritztüte
Auffangbecken

Lümmel
Riemen
Schwanz
Zipfel
Johannes
Bengel
Zinnsoldat
Stecher
Hammer
Rammler
Pimmelmann
Kleiner Freund
Zauberstab

Votze • Dose • Bermudadreieck
Ritze • Möse • Muschi
Loch • Bär • Schnecke
Feuchte Höhle
Mumu
Spalte
Pussy

bürsten
hobeln
moppseln
poppen
ein Rohr verlegen
ficken
vögeln
bumsen
nageln
einlochen
beischlafen

Liebe machen
stechen
pimpern
schnackseln
Akt
Coitus
knallen
kohabitieren
koitieren
eine Nummer schieben

PORNO-TRÄUMER

Achtundzwanzig Prozent der deutschen Männer wären bereit, in einem Pornofilm mitzuwirken. Viele träumen geradezu davon. Die Beziehung spielt nur eine untergeordnete Rolle. Den meisten kommt es allein darauf an, dass ihre Partnerinnen jung, schön, aufregend und vollbusig sind. Außerdem möchten sie sich gerne als Hahn im Korb fühlen können. Andere Männer brauchen nicht unbedingt dabei zu sein.

OSSIS UND WESSIS

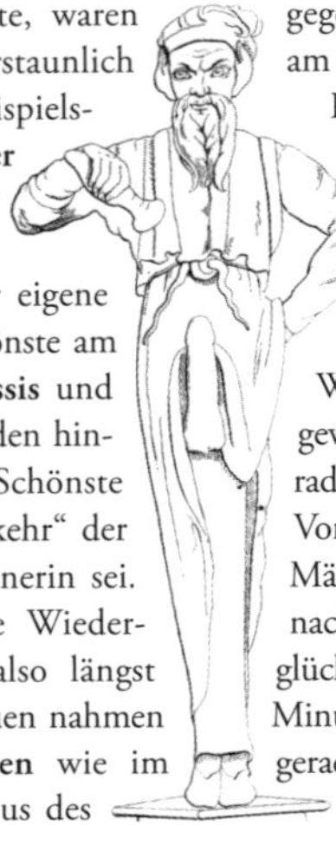

Als das Hamburger GEWIS-Institut 1992 Unterschieden im Sexualverhalten von ***Neu***- und **Alt**-Bundesbürgern auf die Schliche kommen wollte, waren die Differenzen erstaunlich gering. So war beispielsweise für **87 % der west-** und ***84 % der ostdeutschen*** Männer keineswegs der eigene Orgasmus das Schönste am Sex, **23 % der Wessis** und ***22 % der Ossis*** fanden hingegen, dass „das Schönste am Geschlechtsverkehr" der Orgasmus der Partnerin sei. Im Bett hatte die Wiedervereinigung sich also längst vollzogen. Die Frauen nahmen dagegen im **Westen** wie im ***Osten*** den Orgasmus des Partners weniger wichtig: nur **9 %** respektive ***7 %*** konnten sich am meisten darüber begeistern, **20 %** beziehungsweise ***22 %*** fanden dagegen den eigenen Orgasmus am schicksten im Bett.

Erstaunliches gab es dann aber doch zu berichten, als die Forscher die Details erfragten: Die ***Ostdeutschen*** machten ordentlich Tempo. Eigentlich ans Warten und Schlangestehen gewöhnt, nahmen sich ***41 %*** gerade mal zehn Minuten für das Vorgeplänkel, und für ***31 %*** der Männer fand die Sache bereits nach höchstens 5 Minuten einen glücklichen Abschluss, bis zu 10 Minuten konnten insgesamtsamt gerade mal ein Drittel der ***ostdeutschen*** Männer aufbringen.

Dafür jedoch, stellten die Forscher erstaunt fest, gewähren die ***Ossis*** ihren Frauen gleich danach Revanche: ***56 % der ostdeutschen Paare*** ziehen pro Match mindestens zwei Runden durch, während im Westen **57 % der Männer** zerknirscht eingestanden: „Zweimal oder womöglich dreimal hintereinander, das schaff' ich nicht!"

Die Orgasmuschancen der Frauen lagen 1992 im ***Osten*** dennoch gute ***10 % unter*** **Westniveau**, freilich unter erschwerten Bedingungen, denn nachhelfendes Gefummel galt zwischen Ostsee und Erzgebirge offenbar als unzulässiges Doping: ***49 %*** der Frauen und ***30 %*** der Männer lehnten handgreifliche Hilfestellung beim Liebesspiel ab, in der alten Bundesrepublik waren es nicht mal **ein Viertel** aller Frauen (23 %) und nicht mal **ein Zehntel** der Männer, die sich gegen solche Manipulationen aussprachen.

Inzwischen sollten sich die Unterschiede freilich nivelliert haben.

Der lexikalische Eintrag

APHRODISIAKA

Von griechisch *Αφροδίτη* = Göttin der Liebe. Sexuelle Anregungsmittel aller Art. Es kann sich um Naturprodukte handeln wie Spargel, Sellerie oder Austern (➔ Natürliche Aphrodisiaka). Genauso um Medikamente und Drogen.

Der historische Sex-Skandal

DER PROFUMO-SKANDAL

John Profumo, verheirateter britischer Verteidigungsminister, ließ sich mit Christine Keeler, Fotomodell, ein, die daneben auch erotische Kontakte zu einem russischen Spion pflegte. Profumo stürzte im Juni 1963 über diesen Skandal.

NATÜRLICHE APHRODISIAKA

 Austern	 Bärlauch	 Champagner	 Chili
 Flusskrebse	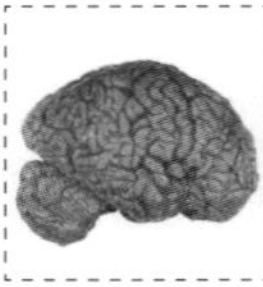 Kalbsbries	 Kaviar	 Kokain
 Safran	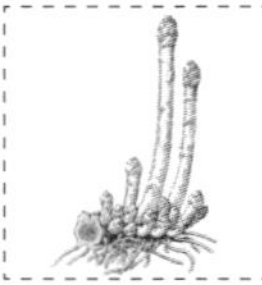 Spargel	 Spitzmorcheln	 Trüffeln
 Venusmuscheln	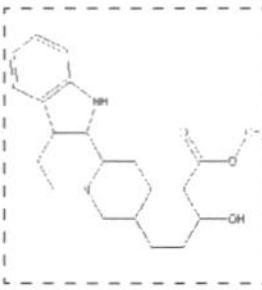 Yohimbin	 Haifischflossen	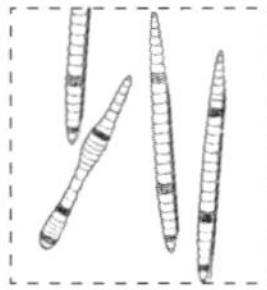 Regenwürmer
 Ginseng	 Hirschpenis	 Robbenhoden	 Muskat

FOLGEN DER ONANIE

Aber die fürchterlichsten Folgen dieser Schwäche und der Erschöpfung der Nervenkräfte, Epilepsie, Katalepsie, Blödsinn usw. zeigen sich vorzüglich nur bei den Onanisten. Die meisten Epileptischen, Kataleptischen, Blödsinnigen, ja selbst die meisten Wahnsinnigen waren, wie die Geschichte der Irrenhäuser lehrt, in ihrer Jugend Onanisten, und wenn nichts beweist, wie sehr dieses Laster das Nervensystem angreift, so beweist es die schlimmste aller Nervenkrankheiten, die Rückenmarksdarre (tabes dorsalis), eine Krankheit, wodurch die dasselbe noch strenger bestraft, als die Unzucht durch die Lustseuche.“

Aus: Friedrich Wilhelm von Hoven,
Versuch über die Nervenkrankheiten, Nürnberg 1813.

EINFLUSSREICHE SEXUALFORSCHER

Sigmund Freud
Magnus Hirschfeld
Shere Hite
Virgina E. Johnson
Alfred C. Kinsey
Bronislaw Malinowski
William H. Masters
Camille Paglia
Wilhelm Reich
Volkmar Sigusch
Wilhelm Stekel
Annie Sprinkle

BERÜHMTE EROTISCHE ROMANE

Angst vorm Fliegen *(Erica Jong)*

Clarissa *(Samuel Richardson)*

Das Delta der Venus *(Anais Nin)*

Fanny Hill *(John Cleland)*

Gefährliche Liebschaften *(Choderlos de Laclos)*

Geschichte der O. *(Pauline Réage, d. i. Anne Desclos)*

Im Wendekreis des Krebses *(Henry Miller)*

Josefine Mutzenbacher *(Josefine Mutzenbacher, d. i. wahrscheinlich Felix Salten)*

Justine *(Donatien-Alphonse-François Marquis de Sade)*

Lady Chatterley und ihre Liebhaber *(David Herbert Lawrence)*

Lolita *(Vladimir Nabokov)*

Die Mandel *(Nedjma)*

Moll Flanders *(Daniel Defoe)*

Das Salz auf unserer Haut *(Benoîte Groult)*

Schwarze Messen *(Jehan Sylvius)*

Stille Tage in Clichy *(Henry Miller)*

Venus im Pelz *(Leopold Ritter von Sacher-Masoch)*

TAUSEND KLEINE TODE ...

Bei starker sexueller Erregung kann es zu einem teilweisen oder sogar völligen Verlust der Wahrnehmungsfähigkeit kommen (Synkopen). Speziell der Orgasmus geht in manchen Fällen mit andauernden Zuständen der Bewusstlosigkeit einher. Bereits die alten Inder haben die „Wonneempfindung bis zur Ohnmacht" beschrieben. Alfred C. Kinsey und seine Mitarbeiter weisen zur Illustration auf den französischen Ausdruck „la petite mort" hin.

FRUCHTBARKEITSSYMBOLE

✵ Bienen ✵ Chili-Schoten ✵ Elfenbein ✵ Eberzähne ✵

✵ Hasenpfote ✵ Kamelien ✵ Nashörner ✵ Orchideen ✵

✵ Phallus ✵ Stierhoden ✵

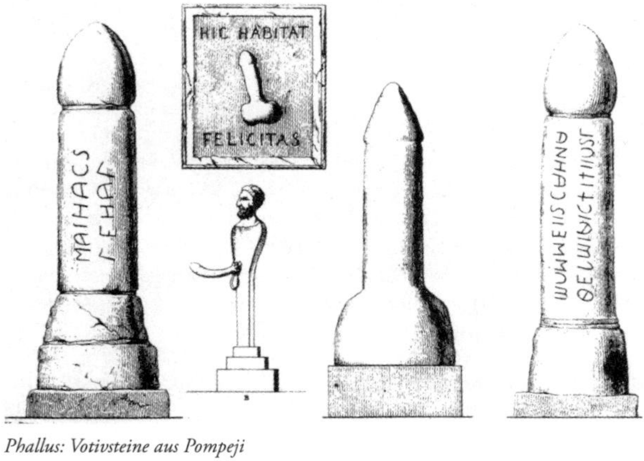

Phallus: Votivsteine aus Pompeji

Der lustige Fetischismus, Teil III:

HAUBENFETISCHISMUS

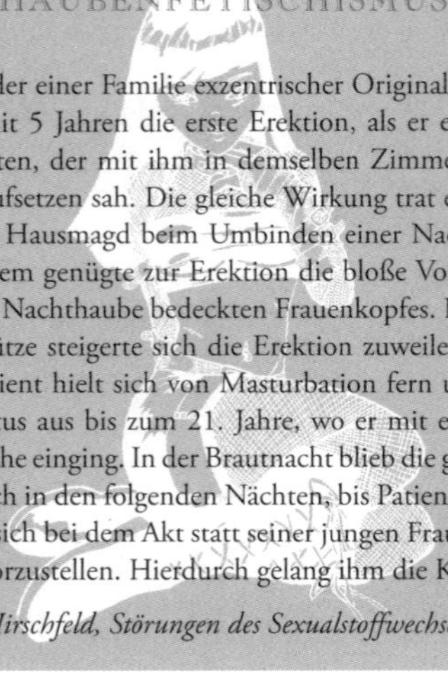

Ein Herr, der einer Familie exzentrischer Originale entstammte, bekam mit 5 Jahren die erste Erektion, als er einen 30 Jahre alten Verwandten, der mit ihm in demselben Zimmer schlief, eine Nachtmütze aufsetzen sah. Die gleiche Wirkung trat ein, als er kurz darauf die alte Hausmagd beim Umbinden einer Nachthaube beobachtete. Seitdem genügte zur Erektion die bloße Vorstellung eines alten mit einer Nachthaube bedeckten Frauenkopfes. Bei Berührung einer Nachtmütze steigerte sich die Erektion zuweilen bis zum Samenerguß. Patient hielt sich von Masturbation fern und übte auch nicht den Koitus aus bis zum 21. Jahre, wo er mit einem schönen Mädchen die Ehe einging. In der Brautnacht blieb die geschlechtliche Potenz aus, auch in den folgenden Nächten, bis Patient in seiner Not darauf verfiel, sich bei dem Akt statt seiner jungen Frau eine Alte mit Schlafmütze vorzustellen. Hierdurch gelang ihm die Kohabitation.

Aus: Magnus Hirschfeld, Störungen des Sexualstoffwechsels, Bonn 1920

SEX AUF REISEN, GUT ZU WISSEN:

➲➲➲ In Uruguay darf ein Ehemann, der seine Frau mit einem anderen im Bett erwischt, bei der Bestrafung richtig zuschlagen: Entweder kann er den Liebhaber samt untreuer Ehefrau umbringen oder seiner Frau die Nase abschneiden und den Liebhaber kastrieren. Falls sich der Ehemann bei diesem Angebot nicht für eine Bestrafungsvariante entscheiden kann, darf er auch eins nach dem anderen durchführen, denn das Gesetz erlaubt beides.

➲➲➲ Ein Gesetz im antiken Sparta regelte, dass jeder Junggeselle über 30 nicht mehr wählen und nicht mehr an den damals so populären Nacktparties teilnehmen durfte.

➲➲➲ In Siena ist es allen Frauen mit dem Vornamen „Maria" verboten, als Prostituierte zu arbeiten.

➲➲➲ Ein tasmanisches Gesetz verlangt von Witwen, den abgeschnittenen Penis ihres Mannes um den Hals zu tragen.

➲➲➲ In Israel gibt es für einen Mann, der den vom alten Priestergeschlecht abgeleiteten Namen Cohen trägt, keinen legalen Weg, eine geschiedene Frau zu heiraten.

➲➲➲ In Liverpool ist es Frauen verboten, sich mit nacktem Oberkörper in der Öffentlichkeit zu zeigen – außer als Angestellte eines Fischgeschäfts für tropische Fische.

➲➲➲ In Großbritannien darf kein Junge unter 10 Jahren ein Nacktmodell sehen.

➲➲➲ Homosexuelle dürfen nicht in Singapur leben.

➲➲➲ Im Libanon ist es nicht zulässig, Sex mit einem Ziegenbock zu haben – Sex mit einer weiblichen Ziege hingegen stellt kein Problem dar.

➲➲➲ In Singapur ist Oralsex verboten, außer er wird als eine Art von Vorspiel betrieben.

➲➲➲ Da es als Pornographie angesehen wird, die in Singapur verboten ist, darf man in seinem eigenen Haus nicht nackt herumlaufen.

➲➲➲ In Schweden ist die Prostitution legal, die Dienste einer Prostituierten in Anspruch zu nehmen, ist jedoch illegal.

➲➲➲ In Frankreich ist Küssen im Zug verboten!

➲➲➲ Es ist in Thailand untersagt, das Haus ohne Unterwäsche zu verlassen.

➲➲➲ In Saudi Arabien ist es nicht erlaubt, einen Fremden zu küssen.

EINE KLEINE ANLEITUNG FÜR LIEBHABER

Betrachtet man Sex ganz wissenschaftlich und sieht von individuellen Vorlieben ab, sind viele unter Männern verbreitete (und von der Regenbogenpresse immer wieder reproduzierte) Vorurteile völlig haltlos. Hier also eine kleine Checkliste für Liebhaber statistisch ganz durchschnittlicher Frauen:

❶ Keine Kerzen! Erregungsablauf und Orgasmus sind bei Kerzenschein weit weniger steil und spannungsreich als im profanen Glühbirnen-Schimmer oder bei hellstem Tageslicht.

❷ Keine Musik! Auch musikalische Untermalung steigert nicht die Liebeslust, sondern wirkt sich eher störend aus. Ob klassischer Konzertsound oder rockige Popklänge: Ganz ohne Beschallung läuft es am besten. Offenbar verträgt sich meistens der Rhythmus des Geschlechtsaktes nicht mit dem Rhythmus der parallel laufenden Musik. Die Rhythmen laufen gegeneinander, anstatt zusammenzufließen. Das Ergebnis ist eher Ablenkung als Anstachelung.

❸ Nicht am späten Abend! Die Wahl der richtigen Tageszeit wird stets unterschätzt. Die Morgenstunden zwischen 10 und 12 Uhr und die Nachmittagsstunden zwischen 16 und 18 Uhr rangieren nach den objektiven und unbestechlichen Messwerten der sexualphysiologischen Computertechnologie ganz vorne. Eher ungünstig stellt sich demgegenüber vor allem der spätabendliche bis mitternächtliche Sex dar. Nach einem voll durchlebten Tag ist die Sensibilität selbst für starke sexuelle Reize um ein Drittel und mehr herabgesetzt.

❹ Duften Sie! Im Versuch wurde das sehr prägnante Eau de Toilette von „Lacoste“ eingesetzt. Die Gegenüberstellung mit den sexuellen Reaktionen der Frauen, deren Partner unter ansonsten gleichen

Bedingungen unparfümiert blieben, ergab einen verblüffend starken erotisierenden Effekt. Das ist wohl in erster Linie auf die abschirmende Wirkung zurückzuführen, die ein Duftwasser gegenüber anderen, möglicherweise unangenehmen Düften hat.

❺ Reichen Sie Champagner! Das vielgerühmte Glas Champagner – es dürfen auch zwei sein – wirkt Wunder. Bei der dieser Anleitung zugrunde liegenden Untersuchung des GEWIS-Instituts wurde „Nicolas Feuillatte" verabreicht. Und tatsächlich sprachen die Frauen, die vor dem Geschlechtsakt Champagner getrunken hatten, schneller auf die sexuelle Stimulierung an als die Frauen aus der „trockenen" Vergleichsgruppe. Der Erregungsanstieg war bei ihnen außerdem stetiger. Der Orgasmus allerdings unterschied sich in seiner Intensität nicht signifikant vom Orgasmus ohne Champagner.

❻ Missionarsstellung! Entgegen allen Ratschlägen sogenannter „Sexualexperten" oder sogar „-therapeuten" ist in der „Missionarstellung" die Intensität des sexuellen Erlebnisses wesentlich stärker als in allen anderen Stellungen. Der Orgasmus erreicht in der Spitze sogar Cunnilingus-Werte. An der Herz- und Atemfrequenz genauso wie beim Hautleitwiderstand und den übrigen wichtigen Größen lässt sich das messen. Konkret: In der Stellung „Mann oben" stöhnen, hecheln, fiebern, zucken und schwitzen die Frauen fast anderthalbmal soviel wie in anderen Positionen. Der Akt geht tiefer unter die Haut, ist sinnlicher und genussreicher.

❼ Immer mit Verhüterli! Erstaunliches Ergebnis der GEWIS-Untersuchungen: Mit Kondom ist das sexuelle Erlebnis für die Frau deutlich intensiver als ohne. Zwar basiert der Befund nur auf Durchschnittswerten. Doch das gilt für alle anderen Resultate genauso. Außer gesundheitlichen Gründen gibt es nun also auch noch ein erotisches Argument, Kondome immer dabei zu haben.

Mann sieht: Alles ganz simpel.
Also: Rein ins Bett!

Prof. Habermehls wissenschaftlicher Exkurs III:

DIE FRAU, UNTENRUM

Während die geschlechtliche Reaktion des Mannes sich in ihren wesentlichen Elementen (Peniserektion und Samenerguss) gut beobachten lässt, wirft die Beobachtung der geschlechtlichen Reaktion der Frau erhebliche Probleme auf.

Die sexuelle Erregung der Frau markiert sich besonders auffällig durch eine meistens leicht ertastbare Erektion des Kitzlers. Die in der Regel etwa gleichzeitig auftretende Schwellung des Venushügels lässt die Kitzler-Erektion optisch weniger stark in Erscheinung treten. Aber der Tastbefund ist eigentlich immer recht eindeutig.

Kurz vor dem Orgasmus weicht der Kitzler meistens stark zurück und verringert für den Tastbefund sowohl seinen Durchmesser als auch seine Länge.

Von nicht nur marginalem Interesse ist in diesem Zusammenhang der seit Masters und Johnson wiederholt bestätigte Befund, dass Frauen auf die Präsentation pornographischen Materials zu über zwei Dritteln mit mehr oder weniger deutlichen physiologischen Anzeichen sexueller Erregung reagieren, insbesondere einem auffälligen Schwellen des Kitzlers von der Wurzel bis zur Eichel. (Ganz abgesehen von der noch augenfälligeren Zunahme der Scheidenbefeuchtung.)

Das primär kennzeichnende Merkmal sexueller Erregung bei der Frau ist die Scheidenbefeuchtung, die sogenannte Lubrikation. Sie tritt bei gesunden, gebärfähigen jungen Frauen im Nu nach der Präsentation auch geringfügiger erotischer Stimuli ein. Nach heutiger Mehrheitsmeinung handelt es sich bei der abgesonderten Flüssigkeit nicht um das Sekret der Bartholinschen Drüsen (wie früher vermutet wurde), sondern um eine Transsudation der Scheidenwände.

In jedem Fall ist die Scheidenbefeuchtung nicht nur kennzeichnend für den Zustand sexueller Erregung bei der Frau, sondern auch eine funktional wichtige Voraussetzung für die effiziente sexuelle Betätigung. Der beim Geschlechtsverkehr dem männlichen Partner vermittelte Reiz hängt wesentlich mit dem Befeuchtungszustand und der Befeuchtungsentwicklung der Scheide zusammen.

Unauffälliger als die Scheidenlubrikation ist die Veränderung der Weite und Tiefe der Scheide. Mit einsetzender sexueller Erregung vergrößert sich der Innenraum der Scheide – in beiden Richtungen, also in den Längen- und den Breitenabmessungen, oft sogar um mehrere Zentimeter. Am Scheidenausgang sind diese Veränderungen allerdings optisch und auch haptisch kaum zu bemerken.

Interessanterweise verengt sich die Scheide sogar bei zunehmender sexueller Erregung wieder. Und zwar speziell im äußeren Bereich. Man hat dafür den Begriff der „orgiastischen Manschette" vorgeschlagen. Beim Orgasmus verengt sich diese orgiastische Manschette bis zu über 20mal in mehr oder weniger heftigen Kontraktionen. Der zeitliche Abstand zwischen den Kontraktionen beträgt in der Regel weniger als eine Sekunde.

Parallel zu den Kontraktionen des Scheidenausgangs kontrahiert beim Orgasmus auch die Gebärmutter. Außerdem wird sie vor dem Orgasmus oft mehrere Zentimeter weit in den Bauchraum gehoben, um anschließend wieder in den Scheidenraum vorgestoßen zu werden. Eine der Erklärungen dafür geht von der Annahme aus, dies begünstige „möglicherweise das Hinaufwandern der Spermien" aus der Tiefe der Scheide „in den Zervikalkanal."

Weibliche Geschlechtsorgane (Gesamtdurchschnitt):

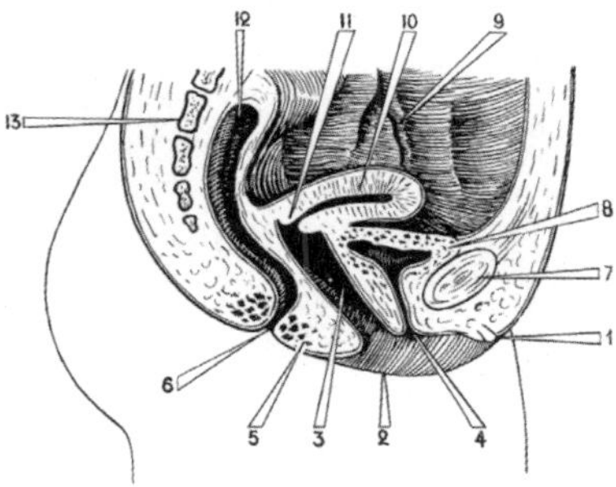

1. *Klitoris*
2. *Große Schamlippen*
3. *Vagina*
4. *Ureter*
5. *Perineum*
6. *Anus*
7. *Schambein*
8. *Blase*
9. *Eierstöcke*
10, *Uterus*
11. *Uterushals (Cervix)*
12. *Rektum (Enddarm)*
13. *Wirbelsäule*

– DIE FÜNF BELIEBTESTEN STELLUNGEN –

Missionar-Stellung

Reitsitz

A tergo

Löffelchen Stellung

Wiener Auster

Der lexikalische Eintrag

BOLD

Jargonhafte Bezeichnung für ein sexuelles Anregungsmittel, das aus Coca Cola und Amphetaminen gemixt wird.

PORNO-QUEENS

Dolly Buster
Linda Lovelace
Brigitte Maier
Teresa Orlowski
Ilona Staller alias Cicciolina
Michaela Schaffrath alias Gina Wild
Sibylle Rauch
Annie Sprinkle

EIN VORSCHLAG ZUR GÜTE

Wenn Mann seinen Orgasmus steigern will, kommen ihm die absonderlichsten Ideen; einige davon sind in diesem Buch zu finden. Es geht aber auch einfacher: Ein Tipp, der sogar völlig mühelos zu befolgen ist, ergibt sich aus der Mengenwirkung des Samenausstoßes. Durch eine effiziente Diät kann die Produktion der orgasmussteigernden Milliliter nämlich kräftig angekurbelt werden. Um 25 % und mehr. Es genügt oft schon, einfach den Anteil an Gemüse, Fisch, Vollkornbrot und einigen Gewürzen wie Safran und Vanille in der täglichen Kost etwas heraufzusetzen, um eine spürbare Intensivierung des Orgasmuserlebnisses zu erreichen.

Der lexikalische Eintrag

BRUSTMASSAGE

Die Brust ist speziell bei Frauen eines der wichtigsten Lustzentren.

Manche kommen sogar durch bloßes Küssen und Streicheln der Brust zum Orgasmus.

Die Mehrzahl der Frauen bevorzugt allerdings zarte und betont sanfte Liebkosungen.

Das heftige Zupacken und Kneten, das den Männern oft so gefällt, ist nur bei einer kleinen Minderheit der Frauen beliebt.

Der historische Sex-Skandal

DIE ROTLICHAFFÄRE

Neunzehnhundertdreiundneunzig recherchierte der Journalist Kuno Haberbusch für das Nachrichtenmagazin Panorama über Verstrickungen Lafontaines im Rotlichtmilieu. Unter anderem soll Lafontaine während seiner Amtszeit als Oberbürgermeister von Saarbrücken einem befreundeten Bordellbesitzer Steuervorteile gewährt und Informationen über bevorstehende Razzien ins Rotlichtmilieu weitergeleitet haben.

LASSE BRAUN, „KING OF PORN"

Wer als scheinbar ordentlicher Bürger und unerfahrener Voyeur an Ikonen der Sex-Industrie, Pornographie oder sexuelle Befreiung denkt, dem fallen zuerst sicherlich der Playboy und seine Bunnies, Larry Flynt oder vielleicht noch der jüngst in einem aufwendigen Dokumentarfilm zu neuem Leben und Einfluss erweckte Porno-Erfolg der frühen 1970er Jahre, „Deep Throat", ein. Doch wie so oft: Eigentlich war alles ganz anders.

1936 wurde dem italienischen Diplomaten Giovanni Ferro ein Sohn geboren: Alberto. Der Junge sollte Jurist werden und wanderte ins Jesuiten-Kloster. Diese Ausbildung scheint ihre Wirkung nicht verfehlt zu haben. Zwar schloss Alberto Ferro scheinbar gradlinig mit einem Jura-Studium ab, doch seine Abschlussarbeit war bereits Albertos Lebensthema gewidmet: Er untersuchte die schädlichen Einflüsse von Zensur auf die Gesellschaften der westlichen Hemisphäre.

Und dann ließ er Taten folgen: Ab 1961 begann er im Diplomatenwagen seines Vaters unscharfe Porno-Filme und skandinavische Sex-Heftchen nach Italien zu importieren und wusste bald, dass er so ödes Material selbst besser machen konnte. 1966 drehte er seinen ersten Film, „Golden Butterfly". In den Hauptrollen: Er selbst (als Pinkerton) und eine Freundin aus Monte Carlo (als Japanerin verkleidet, also: Madame Butterfly). Doch anstatt Belcanto-Arien wurde zehn Minuten Sex gezeigt.

Gedreht wurde auf Super-8-Material, älteren Semestern auch als Träger unschuldig auf dem Heimprojektor dahinratternder Kindheitsszenen im Gedächtnis. Die Enden des Films wurden verklebt, und so ergab sich eine süße Schleife für endlose Masturbation.

Ab da ging es wirklich los: Mit jungen, hübschen Schwedinnen, denen kaum bewusst war, dass sie die Avantgarde der von Alberto Ferro angetriebenen Pornoindustrie bildeten, drehte er in Stockholm zahlreiche dieser Loops, ab 1968 sogar in Farbe. Es folgten weitere Produkte, die er unter nicht geringem Risiko über ausgewählte Kioske vertrieb. Ab und an denunzierte er einige seiner Vertriebspartner und sorgte so für die nötige Publicity.

1969 war das Jahr in dem Ferro seinen größten Triumph feiern und eine Wette einlösen konnte: Wie John F. Kennedy versprochen hatte, einen Amerikaner auf dem Mond zu schicken, hatte Ferro erklärt, bis Ende der 60er Jahre würde wenigstens ein Land in Europa Pornographie legalisiert haben. Am 4. Juni 1969 war es soweit: Dänemark legalisierte auf Ferros umtriebige Lobbyarbeit hin und auf Betreiben eines in Ferros Plan vernarrten sozialdemokratischen Parlamentsmitglieds als erstes Land der Welt die Pornographie. Die Welt war schockiert.

Alberto Ferro nannte sich inzwischen Lasse Braun, zog nach Kopenhagen und stellte vier Grafiker ein, die sich ausschließlich um die delikate Verpackung seiner Produktionen kümmerten. Aus der Bückware in unansehnlichen Schachteln mit handgeschriebenen Aufklebern wurde durch Lasse Braun ein industrielles Massenprodukt, bei dem die Verpackung bereits für den Kaufanreiz sorgte. Seine Firma AB Beta hatte 1969 bereits 50 000 Versandkunden, davon allein 35 000 in Italien. Ebenfalls 1969 drehte er eine erste Kurzfilm-Trilogie auf Trinidad und ließ weitere in Spanien, Frankreich und Skandinavien folgen.

1971 eroberte Braun Amerika, auch hier von der Idee verfolgt, gäbe es erst ein genügend attraktives Angebot, würde sich eine entsprechend große Nachfrage entwickeln, so dass schließlich an der Legalisierung kein Weg vorbeiführen würde. Mit Hilfe eines amerikanischen Partners installierte er bis 1974 60 000 Peep-Show-Maschinen, gekapselte Super-8-Projektoren mit einer Lasse Braun-Endlosschleife, die in kleinen Kabinen für einen Quarter zwei Minuten ihres in Amerika eigentlich immer noch streng verbotenen Inhalts preisgaben. 60 000 Projektoren spielten 24 Stunden am Tag Lasse Braun. Nach einer Woche war das Material durch den Dauerbetrieb ruiniert und musste erneuert werden. Millionen Kopien seiner Filme fanden so Absatz.

1973 zog Lasse Braun nach Breda in Holland. Weggefährten von damals schilderten in dem 2002 entstandenen Dokumentarfilm „Ich, der King of Porn. Das abenteuerliche Leben des Lasse Braun“ von Thorsten Schütte wie damals die Luft voll süßlicher Schwaden abrauchender Drogen hing und Braun sich im Stile eines Gurus von seinen Jüngern hofieren ließ – und, so muss man es wohl nennen, eine endlose Sex- oder Pornographie-Orgie feierte. Immer an seiner Seite: seine beiden Stars Lavelle Roby, eine professionelle Schauspielerin, und die Amerikanerin Brigitte Maier. Maier erklärte später, sie habe damals zeigen wollen, wie ein junges Mädchen halt so sei, Roby meinte, Maier habe immer nur ein Ziel gehabt: Der größte Porno-Star aller Zeiten zu werden. Und da war sie bei Alberto Ferro, alias Lasse Braun, genau richtig: Sie war bei dem größten Porno-Produzenten der Welt gelandet.

Der bekennende Anarchist erwartete von jeder anwesenden Frau, dass sie mit ihm schlafen wollte, und – wie Brigitte Maier berichtet – das war auch praktisch immer der Fall. Das Casting wurde lebensecht gestaltet. Braun hatte dann eine Woche lang drei- oder viermal am Tag Sex mit den zur Debatte stehenden Damen. Dass ein Mann „statistisch" wie er befand „eine Lebenserwartung von sechs Partnerinnen, einschließlich Prostituierten und Ehefrauen" habe, deprimierte ihn zutiefst. Tausende waren sein Ziel, Sex sein Lebensinhalt – alles andere empfand er als Unterdrückung.

Es folgten zahlreiche weitere Meilensteine bei der pornographischen Eroberung der Welt: 1974 konnte er seinen Hardcore-Porno „French Blue" auf dem Festival in Cannes zeigen. Von 1974 bis 1975 drehte er mit einem Budget von einer halben Million Dollar seinen Spielfilm „Sensations", der später 30 Millionen Dollar an den Kinokassen einspielte.

1977 zog sich Lasse Braun aus dem Geschäft zurück. Und wirkte dennoch nach: 1981 adelte ihn das New Yorker Magazin *Escapade* zum „Vater der modernen Pornographie". Nur ab und zu erfreut er seine Fangemeinde noch mit Video- und sogar Fernsehproduktionen. Sex hat er aber immer noch gerne: Unter dem Motto „The G-Spot" hat er 1994 und 1995 zusammen mit je einem italienischen und amerikanischen „Assistenten" 346 weibliche Probanden penetriert und angeblich in 100 % aller Fälle einen G-Spot-Orgasmus erreicht. Die bahnbrechenden Ergebnisse dieser Versuchsreihe vermarktet Lasse Braun als Trainingsprogramm: LB-G-2000 sein Titel – er ist immer noch ein grandioser Verkäufer seiner eigenen Lüste.

POPULÄRE SEX-SPIELE

Analverkehr
Anilictus *(After lecken)*
Bondage *(Fesselungen)*
Branding *(Brandmal setzen)*
Cunnilingus *(Scheide lecken)*
Dirty Talking
Facial *(Ejakulation ins Gesicht)*
Fellatio *(Penis lutschen, „Blasen")*
Intermammae *(Busenverkehr)*
Masturbieren *(bei Männern auch: Onanieren)*
S/M *(Sado-Maso)*

MIT HIGH-HEELS AUF AUGENHÖHE

Zweiunddreißig Prozent der Frauen, die hohe Absätze (über 6 cm) tragen, machen auch besonders gerne Oralsex. Es ist ihre bevorzugte Praxis. Demgegenüber lieben es nur 13% der Frauen, die meistens flache Absätze (unter 6 cm) tragen, ihren Partner ausgiebig mit dem Mund zu verwöhnen.

DER WEIBLICHE ORGASMUS

Zu den Besonderheiten des Orgasmus' der Frau gehört eine im Vergleich zum Mann gesteigerte Orgasmusfähigkeit. Zwar ist es für Frauen im Mittel weitaus schwieriger, überhaupt einen Orgasmus zu erreichen, bei der Masturbation genauso wie bei der partnerschaftlichen Sexualität, insbesondere beim Geschlechtsverkehr. Andererseits gelangen Frauen leichter als Männer mehrfach hintereinander zum Orgasmus. Speziell bei sehr kurz aufeinander folgenden Orgasmen spricht man von einem multiplen Orgasmus.

MUSIK, UM FRAUEN INS BETT ZU KRIEGEN

Reamon
Seite 1
060.3268-9
GEMA
Supergirl

Francis Lai
Seite 1
060.3268-9
GEMA
Love Story

U2
Seite 1
060.3268-9
GEMA
With or without you

Tocotronic
Seite 1
060.3268-9
GEMA
Ich möchte Teil einer Jugendbewegung sein

DIE 32 SCHÖNSTEN DÉCOLLETÉS

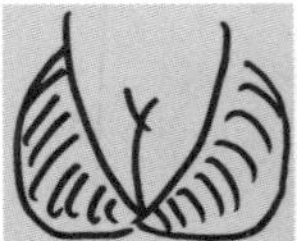 1. Eva Herzigova	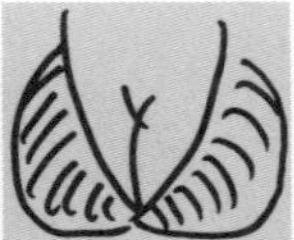 2. Pamela Anderson	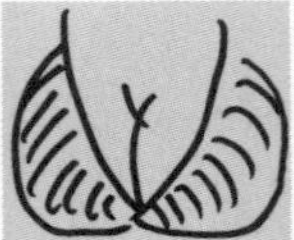 3. Mariah Carey	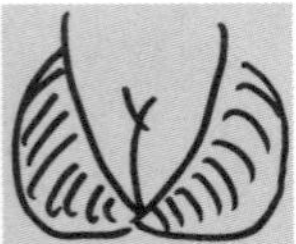 4. Claudia Schiffer
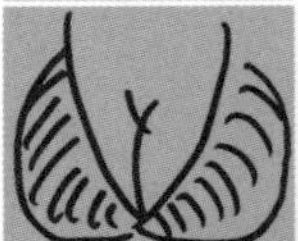 5. Barbara Schöneberger	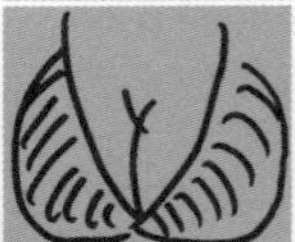 6. Sarah Connor	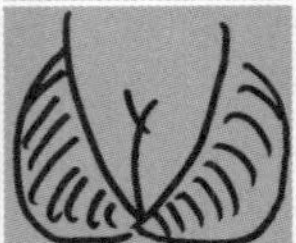 7. Jennifer Lopez	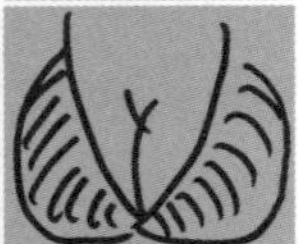 8. Heidi Klum
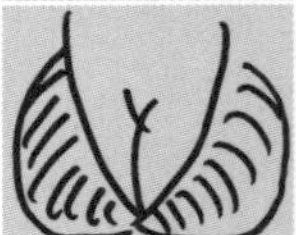 9. Veronika Ferres	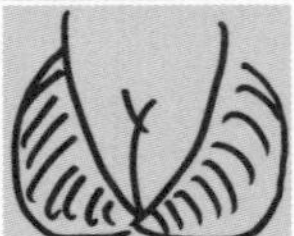 10. Liz Hurley	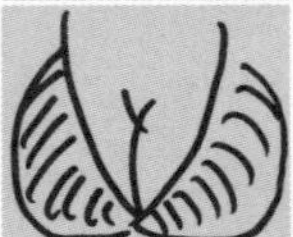 11. Franziska van Almsick	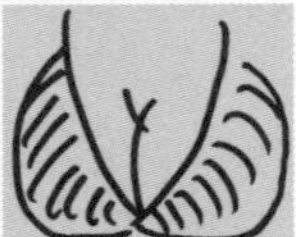 12. Madonna
 13. Caroline Reicher	 14. Sonya	 15. Verona Pooth, geb. Feldbusch	 16. Carmen Electra

DER WELT (LAUT BILD-ZEITUNG)

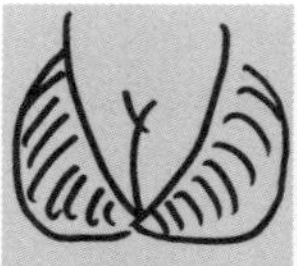 17. Anna Kournikova	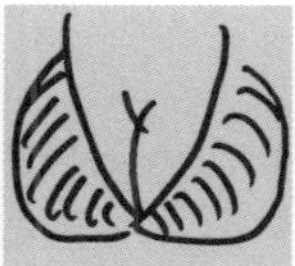 18. Katie Price	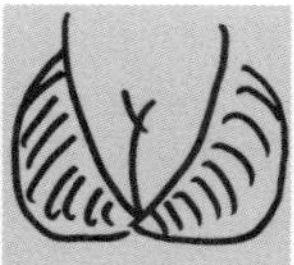 19. Jeanette Biedermann	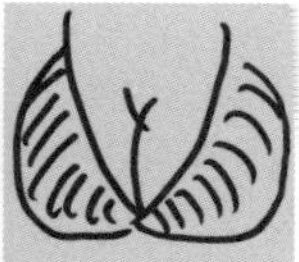 20. Anna Nicole Smith
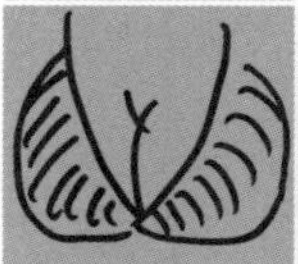 21. Michaela Schaffrath	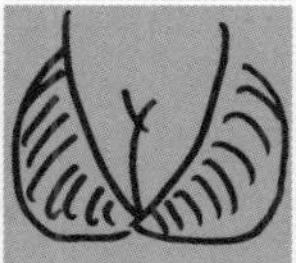 22. Geri Halliwell	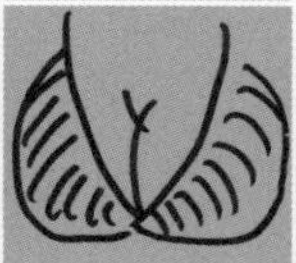 23. Teri Hatcher	 24. Gisele Bündchen
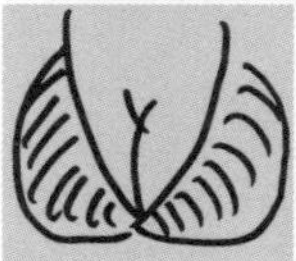 25. Sarah Jessica Parker	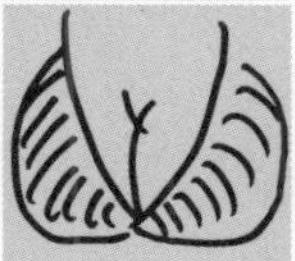 26. Eva Padberg	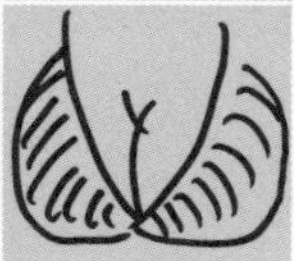 27. Halle Berry	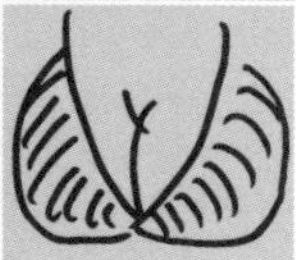 28. Mariella Ahrens
 29. Tyra Banks	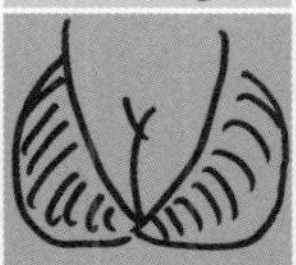 30. Christina Aguilera	 31. Bo Derek	 32. Nicole Kidman

Der lexikalische Eintrag

CAREZZA

Zärtlichkeit auf Italienisch. Lang ausgedehnter Geschlechtsverkehr, bei dem eine Ejakulation gezielt verhindert wird.

PLASTISCHE OPERATIONEN IN DEUTSCHLAND: DIE HÄUFIGSTEN EINGRIFFE

Insgesamt werden jährlich etwa 700 000 plastische Operationen in Deutschland durchgeführt, bei der Gesamtzahl dieser Operationen rangiert Deutschland damit auf Rang sechs, hinter den USA, Mexiko, Brasilien, Japan und Spanien. Hier die Hitliste der häufigsten Eingriffe:

1. Gewebeunterfütterung
2. Injektionen
3. Fettabsaugung
4. Lidstraffung
5. Brustvergrößerung
6. Brustverkleinerung
7. Nasenkorrektur
8. Bauchdeckenstraffung
9. Ohrkorrektur
10. Bruststraffung
11. Facelift
12. Brustkorrektur bei Männern
13. Stirnlifting
14. Oberarmstraffung
15. Oberschenkelstraffung

Quelle: Vereinigung der Deutschen Ästhetisch-Plastischen Chirurgen

Der aktuelle Tipp für die Frau

NR. I

Oft stellt sich die Frage: „Was mag mein Mann oder Freund am liebsten?“ Hier die Antwort: Das Beste, was Männern erotisch passieren kann, ist ein Geschlechtsakt gegen Mittag, bei dem die Frau Strapse trägt und üppig parfümiert ist (in der zugrunde liegenden Untersuchung wurde das Eau de Parfum „Chanel No. 5“ angewendet). Die Vorhänge sollten zugezogen sein, aber doch genügend gedämpftes Licht durchlassen, dass der Körper der Frau ganz sichtbar bleibt. Auch die Geräuschkulisse schlägt zu Buche. Speziell die jeweilige „Hintergrundmusik“. Bei englischem Rock und Pop kann die Mehrzahl der Männer recht gut entspannen. Bei anderen Arten von Musik, insbesondere Klassik und deutschem Schlager, gibt es Probleme. Im Zweifelsfall sollte man immer ganz auf Beschallung verzichten. Letztendlich ausschlaggebend ist aber dennoch in jedem Fall die Stellung, wobei „Missionar“ tatsächlich uneingeschränkt und mit weitem Vorsprung den ersten Platz belegt.

SEX-SPIELZEUG

Augenbinde
Cock-Ring (Penis-Ring)
Dildo (Masturbationsstab für Frauen, häufig in Penisform)
Handschellen
Klistier
Langschäfter (Overknees)
Latex-, Leder-, Gummiwäsche
Spaß-Kondom (Präservativ mit Noppen, Riffeln o. ä.)
Springklatsche, Reitgerte, Peitsche
Vibrator (batteriebetriebener Dildo)

INTIMSCHMUCK (PIERCINGS)

Ringe oder Knebel für …

BAUCHNABEL
BRUSTWARZEN
HODENSACK
PENIS
SCHAMLIPPEN
VENUSHÜGEL

Prof. Habermehls wissenschaftlicher Exkurs IV:

FREUD, DIE 68ER UND DER WEIBLICHE ORGASMUS

Freud hatte die Idee, zwischen einem klitoridalen und einem vaginalen Orgasmus zu unterscheiden. Der durch Reizung der Klitoris entstehende Orgasmus war demnach der Orgasmus der kleinen Mädchen. Der durch das Stoßen des Penis in der Scheide hervorgerufene der Orgasmus der reifen Frau.

Das Bemerkenswerteste an dieser Idee war nicht die – wie bei Freud eigentlich immer – völlig aus der Luft gegriffene Behauptung, es gebe zwei verschiedene Arten von Orgasmen. Das Bemerkenswerteste war der Versuch, das weibliche Gegenstück zum männlichen Penis, die Klitoris, als für die voll entfaltete Sexualität der Frau nicht gerade störendes aber doch unbeachtliches und überflüssiges Anhängsel abzuhaken.

Möglicherweise ist Freud seine eigene Beschneidung so in die Glieder gefahren, dass er noch als Erwachsener nicht von der Vorstellung loskam, da unten ein Urheiliges zu besitzen, dessen Einmaligkeit mindestens darin zum Ausdruck zu kommen hatte, dass „richtige" Frauen sich diesem

Superding nur hingebungs- und lustvoll öffnen dürfen, ohne ihm irgendetwas entgegenzusetzen und vor allem natürlich ohne irgendwelche Ansprüche auf effektive Stimulation: Die Erfüllung liegt für eine reife Frau darin zu empfangen.

Die Diskussion über den vaginalen und den klitoridalen Orgasmus ist nach dem Tod Freuds weitgehend verstummt. Erst in den 60er Jahren lebte sie im Zusammenhang mit der Studentenrevolte und der neuerlichen Rezeption der Psychoanalyse wieder auf. Die ursprünglich zunächst eher von den Bedürfnissen der männlichen Sexualität geprägte Szene hatte starkes Interesse an einer theoretischen Systematisierung weiblicher Anorgasmie, die zugleich als Entschuldigung der Männer dienen konnte. Und Freuds Unterscheidung zwischen vaginalem und klitoridalem Orgasmus war dafür einfach ideal: Frauen, die beim Geschlechtsverkehr nicht zum Orgasmus kamen, waren einfach noch nicht erwachsen, klebten noch an ihrer kindlichen Sexualität. Nicht die Männer mussten sich anstrengen, sondern die Frauen mussten zusehen, dass sie endlich lieben lernten …

DIE POTENTESTEN MÄNNER

Abd Al Asis Ibn Saud

August II., der Starke

Giacomo Girolamo Casanova

Charlie Chaplin

Joseph Goebbels

Heinrich VIII.

Ludwig XIV.

Aristoteles Onassis

Ramses II.

HINFÄLLIGE ODER TOTE TRAUMFRAUEN

Brigitte Bardot
1934–

Sarah Bernhardt
1844–1923

Cathérine Deneuve
1943–

Marlene Dietrich
1901–1992

Marie Duplessis
1824–1847

Greta Garbo
1905–1990

Marilyn Monroe
1926–1962

Raquel Welch
1940–

Elisabeth „Sissy"
Kaiserin von Österreich und Königin von Ungarn
1837–1898

Kleopatra
Königin von Ägypten
69 v. Chr. – 30 v. Chr.

Gina „Lollo" Lollobrigida
1927–

Nofretete
Königin von Ägypten
? v. Chr. – 1338 v. Chr.

Jeanne Antoinette Poisson
Marquise de Pompadour
1721–1764

Elizabeth „Liz" Taylor
1932–

Prof. Habermehls wissenschaftlicher Exkurs V:

SEX IM LABOR – DER MYSTERIÖSE G-PUNKT ENDLICH ENTTARNT

Nach einem herrlichen Wochenende mit Temperaturen bis zu 25 Grad Celsius jubelte am Montag, dem 16.5.1988, die „Bild-Zeitung“: „Alle glücklich, viele nackt.“ Die Laboranten und Wissenschaftler im Institut für Geschlechtskunde der Hamburger Gesellschaft für Erfahrungswissenschaftliche Sozialforschung (GEWIS) hatten davon wenig mitbekommen. Sie waren mit den letzten Vorbereitungen zum ersten computerüberwachten Geschlechtsakt in der zweihundertjährigen Geschichte der Sexualforschung beschäftigt gewesen.

An diesem Montag sollte gegen neun Uhr dreißig ein Paar Mitte zwanzig von der frühesten Erregung, der „Exzitation“, bis zum Orgasmus vermessen werden. Noch nie zuvor war in einem sexualphysiologischen Experiment eine derart aufwendige Versuchsanordnung getroffen worden. Mit einer sogenannten „offenen“ Messapparatur verfügten die Wissenschaftler erstmals über die technischen Möglichkeiten, gleichzeitig alle körperlichen und psychischen Reaktionen auf sexuelle Reize aufzuzeichnen. Ein absolutes Novum. Das ganze Team stand unter Hochspannung.

Dann kamen die Probanden. Pünktlich auf die Minute. Zwei von insgesamt 132 heterosexuellen Frauen und Männern, die in den folgenden Wochen unter streng kontrollierten Laborbedingungen jeweils bis zu acht Mal einen vollständigen geschlechtlichen Reizablauf bewerkstelligen sollten. Es lief alles wie am Schnürchen. Und gleich beim Start der Messreihe ergab sich auch schon ein völlig unverhoffter und umso faszinierenderer Befund.

Niemand im Team hätte geglaubt, dass eine Chance bestand, den „feuchten“ Orgasmus einer Frau im Labor erleben und analysieren zu können. Genau diese Chance verwirklichte sich jedoch bereits mit dem ersten Testpaar. Um zehn Uhr zwölf. Der Monitor zeigte keine übermäßig starke sexuelle Reaktion an. Die Erregungsspitzen lagen gerade ein kleines bisschen über den Erwartungswerten. Aber es passierte exakt das, was in der sexualwissenschaftlichen Literatur als weibliche Ejakulation beschrieben worden war. Aus der Harnröhre spritzte bei Einsetzen der orgastischen Phase ein dünner Strahl wässeriger Flüssigkeit. Nach der Menge hochgerechnet, die sich in der PVC- Unterlage des Versuchsbetts sammelte: ungefähr ein Sechzehntel Liter.

Die Mehrheitsmeinung in der Sexologie war immer gewesen: Es gibt keine weibliche Ejakulation. Andererseits hatte eine lautstarke Minderheit das – zugegebenermaßen seltene – Phänomen wieder und wieder eingehend beschrieben. Im vorderen Bereich der Vagina liege „hinter" dem Schambein eine für sexuelle Reize besonders sensible, ungefähr zehnpfenniggroße Gewebezone: der nach dem deutschen Gynäkologen Gräfenberg benannte G-Spot oder G-Punkt. Durch Stimulierung des G-Punktes werde ein bislang noch unerforschtes anatomisches Gegenstück zur männlichen Prostata aktiviert und stoße ein dem Prostata-Sekret ähnliches Ejakulat aus.

Endlich gab es einen durch nachprüfbare Daten abgesicherten Fall, der nach allen sexualwissenschaftlich relevanten Gesichtspunkten analysiert werden konnte. Das Ergebnis der diversen Tests war eindeutig: Die vermeintliche Ejakulation erwies sich als ein ganz normaler „Harnabgang". Die Untersuchungsteilnehmerin hatte vor Erregung uriniert. Weiter nichts. Ihr war das widerfahren, was Millionen Frauen aller Altersgruppen in Ausnahmesituationen täglich erleben: Sie hatte die Kontrolle über ihren Blasenschließmuskel verloren.

Noch an drei weiteren scheinbar „ejakulierenden" Frauen konnte dieser Befund dann bestätigt werden. In keinem einzigen Fall löste die Massage des G-Punktes einen besonders intensiven Orgasmus aus, und in keinem einzigen Fall unterschied sich das „Ejakulat" von schlichtem Harn. Schon gar nicht bestand irgendeine chemische oder physikalische Ähnlichkeit zum Prostata-Sekret der Männer.

Die mysteriösen Geschichten über den G-Punkt erklären sich also sehr einfach. Beim Geschlechtsakt genauso wie bei Fingerspielen in der Scheide ergibt sich manchmal eine gleichzeitige Stimulierung der Harnröhre, der Blase oder des Blasenschließmuskels. Sie wird normalerweise als unangenehm empfunden. Wilde Männer, die so heftig zur Sache gehen, dass es da zu Blessuren kommen kann, heißen deshalb in Anlehnung an den Computer-Jargon bei vielen Frauen auch „Hacker“: Sie „hacken“ sich wortwörtlich in „Systeme“ hinein, in denen sie nichts zu suchen haben. Das Hacken kann aber auch, in selteneren Fällen, lustvoll sein oder eine Mischung aus Schmerz und Lust hervorrufen. Das ist dann die geheimnisumwitterte G-Punkt-Stimulation mit ihren „ungeahnten Wonnen“: Die Auslösung einer mehr oder weniger genüsslichen Blasenentleerung durch Stoßdruck auf die ableitenden Harnwege oder einfach als Stressinkontinenz. Den von seriösen Experten immer äußerst skeptisch beäugten Superorgasmus oder sogar einen ganz speziellen, vom Klitoris-Orgasmus zu unterscheidenden vaginalen Orgasmus gibt es jedenfalls eindeutig und endgültig nicht.

Der lexikalische Eintrag

CHINESISCHE SCHLITTENFAHRT

Vom Romancier Johannes Mario Simmel mehrfach benutzte Bezeichnung für einen sexuellen Vorgang, den der Autor aber nie näher erläutert hat. Vermutlich dasselbe wie ➔ Finnische Schlittenfahrt.

LOKALE SEXUALPRAKTIKEN

„A la suisse“: Abwechslungsweise vaginaler (Deutsch) und oraler (Französisch) Verkehr

Albanisch: Kniekehlenverkehr

Deutsch: in SM-Kreisen Synonym für Englisch; sonst: Missionarsstellung

Englisch: strenge Erziehung

Finnische Schlittenfahrt: Bei dieser Stellung kniet der Mann zwischen den Beinen der Frau, die auf dem Rücken liegt. Der Mann hebt das Becken der Frau an und dringt in sie ein. Das Gesäß der Frau lagert auf den Oberschenkeln des Mannes. Dann beugt er sich über sie und bewegt sich in ihr. Er „fährt mit ihr Schlitten“.

Französisch: Oralverkehr

Griechisch: jargonhaft für Analverkehr

Italienisch: Achselhöhlenverkehr

Japanisch: Sperma- oder Urindusche, mit besonderer Betonung der demütigenden Aspekte

Mongolisch: Pobacken-Sex

Persisch: der Mann taucht seinen Penis vor dem Geschlechtsverkehr in warmes Öl

Russisch: Schenkelverkehr

Schwedisch oder **Florentinisch:** Sexvariante, bei der die Haut an der Peniswurzel mit der Hand straff nach hinten zurückgezogen wird.

Spanisch: jargonhaft für Mammalverkehr

Der lexikalische Eintrag

COITUS A TERGO

Der coitus a tergo (lat. für Geschlechtsverkehr von hinten) wird in der Umgangssprache häufig als Hunde- oder Kuhstellung bezeichnet. Das ist aber eigentlich unzutreffend, denn die Begattung „von hinten“ gehört zum gemeinsamen Erbgut aller Säuger, einschließlich des Menschen. Auch die Tatsache, dass die Spezies Mensch daneben zahlreiche andere Stellungen praktiziert, sollte niemals vergessen lassen, dass der coitus a tergo rein biologisch gesehen eigentlich die natürlichste Position beim Geschlechtsverkehr ist.

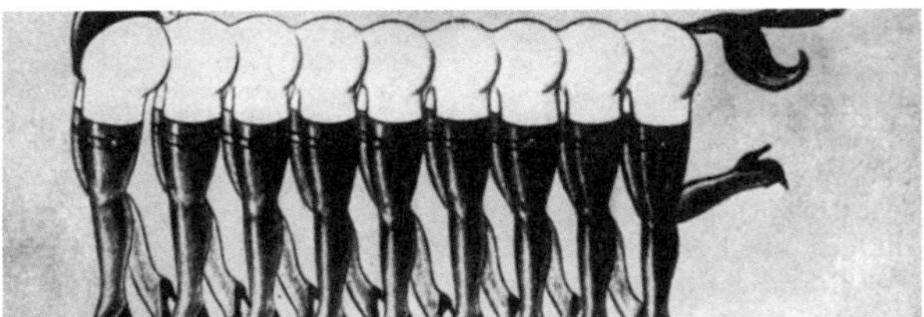

5 GESTÄNDIGE FREIER

MICHEL FRIEDMANN *(TV-Journalist)*
JÖRG IMMENDORFF *(Maler)*
HENRI DE TOULOUSE-LAUTREC *(Maler)*
CARLO V. TIEDEMANN *(TV-Journalist)*
HUGH GRANT *(Schauspieler)*

SEITENSPRUNG-EXPERTEN

FRANZ BECKENBAUER *(Fußballer)*
JOHN F. KENNEDY *(Politiker)*
BORIS BECKER *(Tennis-Spieler)*
WILLY BRANDT *(Politiker)*
OLIVER KAHN *(Fußballer)*
PRINZ CHARLES *(Royal)*
DAVID BECKHAM *(Fußballer)*
LADY DIANA *(Royal)*
CHARLES LINDBERGH *(Pilot)*
CAMILLA PARKER BOWLES *(Royal)*
STEFAN EFFENBERG *(Fußballer)*
ROBERTO BLANCO *(Sänger)*
FRANZ JOSEF STRAUSS *(Politiker)*
DIETER BOHLEN *(Sänger)*
THEO WAIGEL *(Politiker)*
MICK JAGGER *(Sänger)*
BILL CLINTON *(Politiker)*
AXEL SPRINGER *(Verleger)*
FRANÇOIS MITTERAND *(Politiker)*

Der lexikalische Eintrag

COITUS, BEKLEIDETER

Der Begriff „bekleideter Coitus“ hat sich für den Geschlechtsverkehr eingebürgert, bei dem mindestens einer der beiden Sexualpartner bekleidet ist, obwohl es korrekter wäre, von einem „in Bekleidung vollzogenen Coitus“ zu sprechen. Im derben Umgangsdeutsch gibt es dafür die anschauliche Bezeichnung „Schlüpfernummer“: der männliche Partner dringt durch das Höschen seiner Partnerin oder durch die Strumpfhose in die Scheide ein. Das Gewebe des Kleidungsstücks wird dabei meistens zerstört.

AUF DER REEPERBAHN NACHTS UM HALB EINS ...

Neun Prozent der deutschen Ehemänner sind im letzten Jahr mindestens einmal im Bordell gewesen. Bei rund 15 Millionen Ehen, die es in der Bundesrepublik gibt, bedeutet das mehr als 1,3 Millionen Ehefrauen, die von ihrem Mann mit einer Prostituierten betrogen worden sind. Und die meisten davon nicht nur einmal. Denn die Männer, die ins Bordell gehen, sind normalerweise keine Einzeltäter. 83 % von ihnen lassen sich regelmäßig von Mädchen in Sex-Klubs verwöhnen.

EROTISCHE SIGNALE

Ausgreifende Bewegungen
Blume im Knopfloch
Dröhnender Motor
Offenes Décolleté
Enge oder tief sitzende Jeans
Moschus-Duft
Bunte Krawatte
Lange Perlenkette
Kurzer Rock, knappes Kleid
Arschgeweih
Geschürzter Mund
Austern aus der Schale schlürfen
Stilettos (High-Heels)
Strapse
Kavaliersstart

Prof. Habermehls philosophischer Exkurs I:

DER HÖRIGE BÜRGER

Der Wandel der Sexualität in den letzten Jahren hat, so unauffällig er in den meisten Fällen erscheint, dennoch einen engen Bezug zur Problematik der Hörigkeit. Es scheint so zu sein, dass die Deutschen immer stärker dazu neigen, sich in Hörigkeit zu begeben. Teilweise handelt es sich zweifellos um eine Uminterpretation von Abhängigkeit. Es ist abzusehen, dass beispielsweise eine abhängige Beschäftigung, eine Tätigkeit als Angestellte(r), demnächst als normativer Regelfall angenommen wird. Wer behauptet, er sei selbständig, wird dann nachweisen müssen, dass er das tatsächlich ist, es wird nicht mehr angenommen werden, dass Unabhängigkeit – auch kontrafaktisch – wahrscheinlicher ist und dass das Gegenteil bewiesen werden muss. Aber das bleibt abzuwarten. Entscheidend dürfte sein, dass schon jetzt alle gesellschaftlichen Bestrebungen dahin gehen, die Masse und den Einzelnen als unmündig zu behandeln.

Ein alter Behelf läuft darauf hinaus, verständig abgeschlossene Verträge als sittenwidrig zu behandeln. Die Tendenz geht jedoch immer mehr in die Richtung, Verträge überhaupt als unbeachtlich zu behandeln und die vertragschließenden Parteien Regelungen zu unterwerfen, die sie unbeschadet Dritter ihrerseits nicht verändern können. Im Eherecht hat dies – am Rande bemerkt – die besondere Pointe, dass die Ehepartner zwar durchaus besondere Eheverträge abschließen können, dass sie darauf jedoch auf dem Standesamt, das allein ihrer Ehe Rechtsgültigkeit verleihen kann, nicht hingewiesen werden und dass die Standesbeamten ihnen überdies im Unterschied zu dem Notar, vor dem Eheverträge geschlossen werden, nicht einmal die durch das „Ja" implizierten Bedingungen erläutern müssen. Es genügen einige – oft gutgemeinte – Worte des oder der Beamten zum Eheglück, und dann ist die Ehe geschlossen, ein Vertrag, der komplizierte und keineswegs immer von beiden Seiten gewünschte Folgen beinhaltet.

Die Gesellschaft wandelt sich zum Kindergarten. Die Kindergärtnerin lädt zum „freien Spielen" ein, verrät aber nicht, dass die Freiheit schwerwiegenden Einschränkungen unterliegt und dass bereits die Wahl des Spielzeugs unerwartete Konsequenzen nach sich ziehen kann, die nicht aus dem (vielleicht gefährlichen) Spielzeug resultieren, sondern aus den Optionen der Kindergärtnerin.

Begriffen wie „Lustspiel" und „Sexspielzeug" haftet insofern eine Unschuld an, die sie nicht haben können, weil alles Nähere stets „vom Gesetzgeber" geregelt wird. Und „der Gesetzgeber" neigt zu einem gewissen Übermut, den nur die Gerichte stoppen können. Sie tun das hier und da. Aber oft können sie das gar nicht, weil zuletzt die Verfassung den Möglichkeiten einzuschreiten Grenzen setzt.

Der historische Sex-Skandal

DIE LEWINSKY-AFFÄRE

Der von 1993 bis 2001 amtierende US-Präsident Bill Clinton wurde wegen seiner oralen Affäre mit der Praktikantin Monica Lewinsky Opfer der Ermittlungen des Staranwalts Kenneth Starr. Sogar ein Amtsenthebungsverfahren wurde gegen ihn eingeleitet, später aber wieder fallengelassen. In der Folge wurde im allgemeinen Sprachgebrauch aus dem „Oval-Office" des Weißen Hauses zeitweilig das „Oral-Office".

Der lexikalische Eintrag

G-PUNKT

Bei dem nach dem deutschen Gynäkologen Gräfenberg benannten G-Punkt soll es sich um ein Reizzentrum in der Scheide der Frau handeln, dessen Stimulation besonders intensive Orgasmen auslösen kann. Die Existenz dieses Reizzentrums wird allerdings von der überwiegenden Mehrheit der Sexualwissenschaftler stark angezweifelt. Anatomisch konnte es bisher nicht nachgewiesen werden.

– MYTHOLOGISCHE EROTIK-KORYPHÄEN –

Europa · Helena · Kalypso
Leda · Pasiphaë

Der lexikalische Eintrag

HAREM

Von arabisch *haeraem* = absondern, verbieten, weihen. Besonders abgegrenzte Frauengemächer im Orient. Früher meistens von Eunuchen bewacht. Ähnliche Einrichtungen sind allerdings auch aus Fernost bekannt. Die Bezeichnung betont, dass Männer (außer dem Hausherrn) keinen Zugang haben. In der literarischen und künstlerischen Bearbeitung des Themas überwiegt freilich die Vorstellung von einem Haus der Lüste, in dem willige Sklavinnen ihrem Gebieter jede erotische Phantasie erfüllen. Speziell im Abendland verdankt sich diese Vorstellung wohl dem Märchen Tausendundeine Nacht, das von einem König berichtet, der 360 Konkubinen besaß – für jede Nacht eine andere.

– VERHÜTUNGSMITTEL UND -METHODEN –

- **Coitus interruptus**
- **Drei-Monats-Spritze** *(„Injektionsmethode")*
- **Intrauterin-Pessar** *(„Spirale")*
- **Kalender-Methode** *(Beachtung der fruchtbaren und unfruchtbaren Tage)*
- **Kondom, Präservativ**
- **Orales Kontrazeptivum** *(„Anti-Baby-Pille")*
- **Portio-Kappe**
- **Sterilisation**
- **Temperatur-Methode** *(Beachtung der fruchtbaren und unfruchtbaren Tage)*
- **Vaginalschaum, -gel**

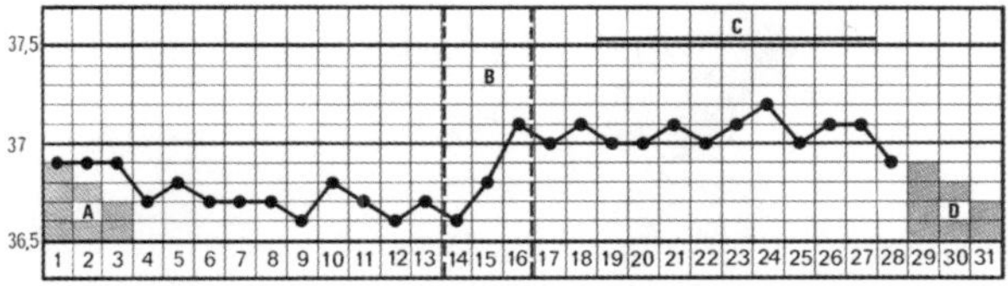

Temperaturkurve:
A = Menstruation, B = Ovulation, C = Unfruchtbare Phase, D = Menstruation

Der lexikalische Eintrag

CROSS DRESSING

Von englisch *to cross* = kreuzen, überqueren; to dress = (sich be)kleiden. Vor allem Männer, aber in steigendem Maße auch Frauen tragen zur Steigerung ihrer Libido Kleidung des anderen Geschlechts. Und zwar in erster Line Unterwäsche sowie – die Männer – Feinstrümpfe bzw. Strumpfhosen. Es gibt jedoch viele, denen das nicht genügt. Sie wollen sich auch nach außen hin mit den Attributen des anderen Geschlechts schmücken. Man nennt sie dann auch Transvestiten. Cross Dressing ist nicht unbedingt ein Indiz für Homosexualität. Das Problem der betroffenen Frauen und Männer liegt oft sogar gerade darin, dass sie auf Grund ihrer entsprechenden Neigungen sexuell falsch eingeschätzt werden.

NOCH MEHR BUSENWUNDER

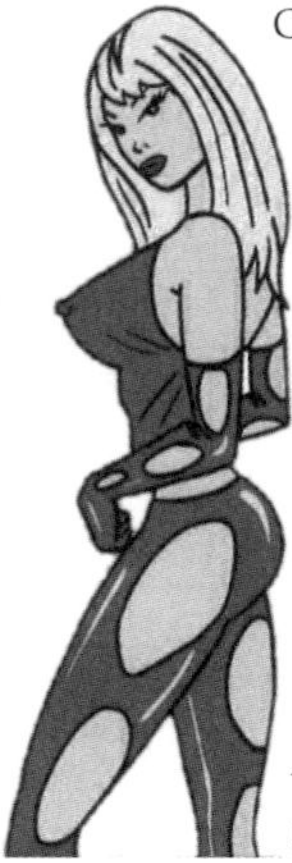

Christina Aguilera
Virginia Bell
Mariah Carey
Anita Ekberg
Lollo Ferrari
Teri Hatcher
Sonya Kraus
Jayne Mansfield
Eva Padberg
Paula Page
Anna Nicole Smith
Mae West

Der lustige Fetischismus, Teil IV:

DENDROPHILIE

Vor einigen Jahren vertraute sich mir ein Herr an, der „ein Verhältnis mit einer alten Eiche" in Machnow bei Berlin hatte. Er hatte für sie eine, wie er sagte, „abgöttische Verehrung" und drückte oft in der Dunkelheit, wenn er sich ganz sicher vor Beobachtung fühlte, sein entblößtes Glied an den „ehrwürdigen Stamm", bis die Ejakulation erfolgte.

Aus: Magnus Hirschfeld, Störungen im Sexualstoffwechsel, Bonn 1920.

5 BELIEBIGE EROTIK-LEHRBÜCHER

- Ars amatoria *(Ovid)*
- Das Wunder der Liebe *(Oswalt Kolle)*
- Die vollkommene Ehe *(Theodor van de Velde)*
- For Yourself: The Fulfillment of Female Sexuality *(Lonnie Garfield Barbach)*
- Kamasutra *(Watsjajana)*

Der lexikalische Eintrag

CUNNILINGUS

Von lateinisch
***cunnus* = Scheide,**
***lingua* = Zunge.**
Das Lecken der Scheide.

— 7 SPORTLERINNEN MIT SEX-APPEAL —

Franziska van Almsick (Schwimmen)

Maria Scharapowa (Tennis, oft gewonnen)

Venus Williams (Tennis, öfter gewonnen)

Anna Kournikova (Tennis, nie gewonnen)

Anni Friesinger (Eisschnelllauf)

Florence Giffith-Joyner (Sprint)

Carolina Klüft (Siebenkampf)

——— 7 SPORTLER MIT SEX-APPEAL ———

David Beckham (Fußball)

Luis Figo (Fußball)

Zinedine Zidane (Fußball)

Günther Netzer (Fußball)

Ian Thorpe (Schwimmen)

Björn Borg (Tennis)

Yannick Noah (Tennis)

Der lexikalische Eintrag

TUMESZENZ

Das lateinische **tumere** *(= schwellen)*, das auch in **Tumor** *(= Geschwulst)* steckt, wird in der Sexualwissenschaft benutzt, um speziell das auffällige Schwellen der Brustwarzen im Zustand sexueller Erregung zu beschreiben.

10 BEDEUTENDE MALER UND ZEICHNER EROTISCHER MOTIVE

Aubrey Beardsley
Sandro Botticelli
Francisco José de Goya y Lucientes
Gustav Klimt
Pablo Picasso
Peter Paul Rubens
Henri de Toulouse-Lautrec
Antoine Watteau
Egon Schiele
Leonardo da Vinci

FRÜHLINGSEINZUG UND LIBIDO

Mit dem Frühlingseinzug nimmt die sexuelle Aktivität stark zu. Gemessen an der Geschlechtsverkehrshäufigkeit werden in der Region, wo der Frühling besonders früh einkehrt, schon früh Werte erreicht, die 30 Prozent und mehr über dem Jahresdurchschnitt liegen. Die Karte zeigt die Region, die bereits beim kalendarischen Frühlingsbeginn (langjähriger Durchschnitt) um ein Drittel über dem Durchschnitt liegt.

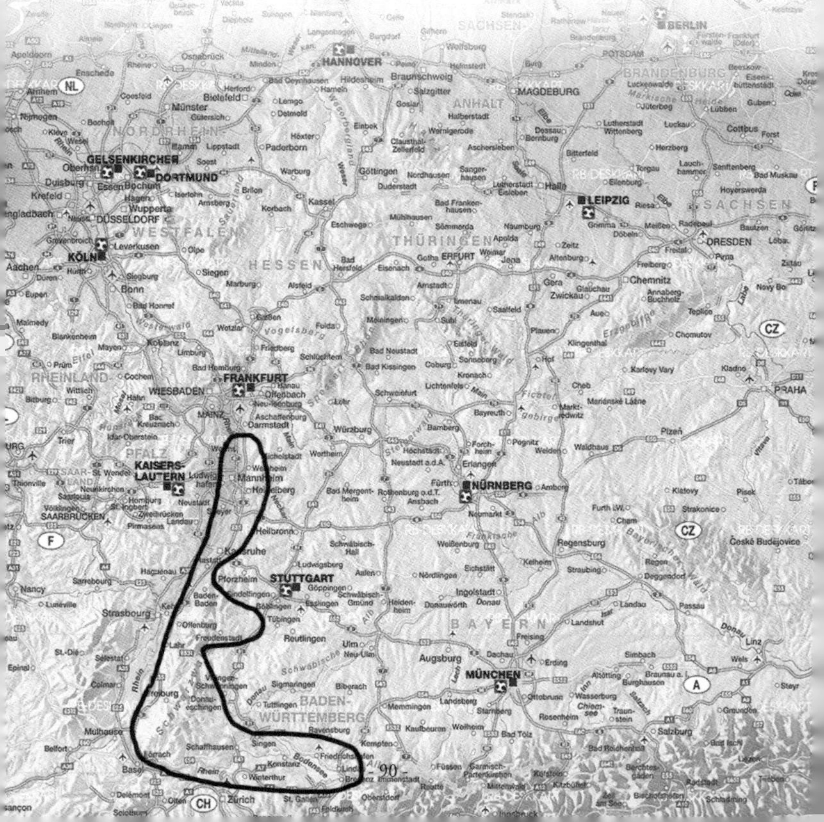

Der lexikalische Eintrag

DIAPHRAGMA

Das Diaphragma gehört zu den weniger bekannten und weniger beliebten Verhütungsmethoden. Es ist zwar ähnlich sicher wie ein Präservativ, aber der Preis liegt 20- bis 30mal so hoch. Es schützt außerdem nicht vor Geschlechtskrankheiten. Und es hat – im Unterschied zur Pille – den Nachteil, dass es vor jedem Geschlechtsverkehr eingesetzt und hinterher wieder herausgenommen werden muss. Rein technisch gesehen handelt es sich um eine Abdeckkapsel für den Muttermund. Es verschließt also die Gebärmutter tief im Innern der Scheide gegen das Sperma. Einen Vorzug des Diaphragmas sehen vor allem Männer darin, dass das Diaphragma ihr Gefühlserlebnis nicht beeinträchtigen kann, weil der Penis damit nicht in Berührung kommt.

BEZEICHNUNGEN FÜR (WEIBLICHE) PROSTITUIERTE

Bordsteinschwalbe • Dirne • Dockschwalbe • Gewerbliche
Hetäre • Hure • Kurtisane • Liebesdienerin • Marketenderin
Nutte • Professionelle • Straßenmädchen • Strichmädchen
Animierdame

KALORIENVERBRAUCH BEIM SEX

Manche Menschen machen sich Gedanken, wie man Sex und Abnehmen verbinden kann. Folgende – nicht in allen Punkten wissenschaftlich belegte – Tabelle findet sich auf der Internetseite *www.jiggle de.*

KLEIDUNG AUSZIEHEN

Mit ihrer Zustimmung: . . . . **12** kcal
Ohne ihre Zustimmung: . . . . **187** kcal

BH ÖFFNEN

Beidhändig: . . . . **8** kcal
Einhändig: . . . . **12** kcal
Mit einer Ohrfeige: . . . . **37** kcal
Mit dem Mund: . . . . **85** kcal

DAS KONDOM ÜBERZIEHEN

Mit Erektion . . . . **6** kcal
Ohne Erektion . . . . **315** kcal

STELLUNGEN

Papi – Mami: . . . . **12** kcal
69 liegend: . . . . **8** kcal
69 stehend: . . . . **112** kcal
Hunde: . . . . **216** kcal
Italienisch: . . . . **912** kcal

DER ORGASMUS

Echt: . . . . **112** kcal
Vorgetäuscht: . . . . **315** kcal

NACH DEM ORGASMUS

Im Bett bleiben: . . . . **18** kcal
Aus dem Bett hüpfen: . . . . **36** kcal
Erklären, warum Mann/Frau aus dem Bett hüpft: . . . . **816** kcal

EINEN ZWEITEN ORGASMUS HABEN

Zwischen 16 und 19 Jahren:	**12** kcal
von 20 – 29:	**36** kcal
von 30 – 39:	**108** kcal
von 40 – 49:	**324** kcal
von 50 – 59:	**972** kcal
über 60:	**2916** kcal

KLEIDUNG ANZIEHEN

Ruhig:	**32** kcal
Eilig:	**98** kcal
Während der Ehemann nach Hause kommt:	**218** kcal

LUSTIGE VOLKSTÄNZE

Dieses Bild zeigt angeblich einen russischen Volkstanz mit gymnastischen Sprüngen der Tänzerin von „eindeutig orgiastischem Charakter". Wohl wahr. Die Abbildung entstammt dem Buch: Michael von Zmigrodzki: Die Mutter bei den Völkern des arischen Stammes, München 1886.

Der aktuelle Tipp für die Frau

NR. 11

Beruhigend zu wissen: Beim Sex bleiben Haarfarbe und Haartracht der Frau ohne Einfluss auf den männlichen Erregungsverlauf. Zum Kennenlernen mag es helfen, blond oder rothaarig zu sein, der Orgasmus des Mannes wird dadurch nicht besser.

Lediglich die Veränderung, etwa der Haarlänge, hat einen gewissen kurzfristigen Einfluss. Sie signalisiert nämlich, wenn auch nur andeutungsweise, eine neue Partnerin. Und darauf reagiert der Sexualapparat des Mannes mit gesteigerter Reizbarkeit. Statt ihre Frisur zu verändern, kann frau selbstverständlich auch einfach den Lippenstift wechseln oder sonst irgendetwas an ihrem Äußeren abwandeln. Es kommt nur auf den mehr oder weniger starken Eindruck des Neuen an.

Das sexuelle Fahndungsraster des Mannes ist ziemlich primitiv. Es lässt sich mit simplen kosmetischen Täuschungsmanövern überlisten. Selbst wenn der Mann weiß, dass die scheinbar neue Partnerin eine „Fälschung" ist, fällt sein Suchsystem meistens auf den Trick herein. Er verfügt dadurch über elegante Möglichkeiten, sich mit ein und derselben Frau ein abwechslungsreicheres Liebesleben vorzugaukeln, als er es mit wirklich wechselnden Liebschaften jemals haben könnte. Die Frau sollte sich diese simplen Strukturen zu Nutze machen.

Der lexikalische Eintrag

BUMSBOMBER

Scherzhafte Bezeichnung für Flugzeuge, die im Charterverkehr zu Zielen des Sex-Tourismus eingesetzt werden.

GEBURTEN-REKORDE

Der Rekord: 69 Kinder, geboren zwischen 1725 und 1765 von Frau F. Wassiljew aus Schuja (Russland), von denen bis auf zwei Kinder auch alle zumindest das Kindesalter erreichten. Unter den Geburten waren allein vier Vierlingsgeburten und sieben Drillinge.

In jüngerer Zeit hat L. Albina aus San Antonio in Chile mit 55 Kindern, geboren zwischen 1943 und 1981, einen ähnlich beeindruckenden Rekord aufgestellt.

Vater der meisten Kinder wird wohl der marokkanische Herrscher Mulai Ismael (1646–1727) sein. 1703 hatte er angeblich bereits 525 Söhne und 342 Töchter gezeugt, 1721 (aber immer noch sechs Jahre vor seinem Tod) soll er bereits 700 Söhne gehabt haben.

BRUSTWARZE

Ein unschönes Wort eigentlich, wenn man es sich mal genau überlegt.

ERKRANKUNGEN DURCH SEX

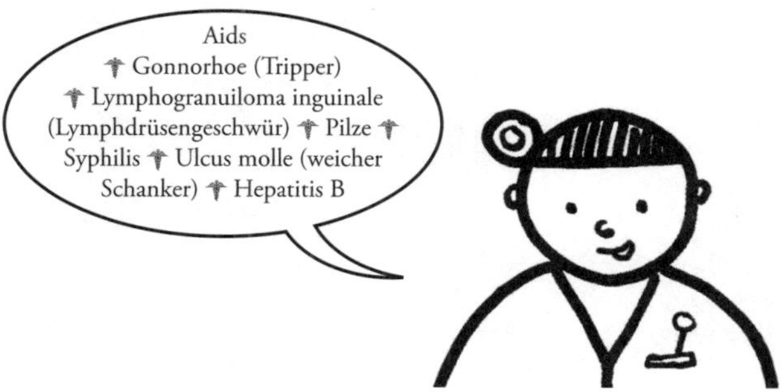

Prof. Habermehls philosophischer Exkurs II:

INTELLEKT, SEXUALITÄT UND UNTERGANG

Eine der wichtigsten Fragen an die Soziobiologie lautet: Ist die menschliche Ratio gewissermaßen als ein genetischer Unfall anzusehen? Offensichtlich verhalten sich ja Menschen, bedingt durch ihre rationalen Fähigkeiten, deutlich entgegen den „Interessen" ihrer Gene. Sie benutzen, um das wichtigste Beispiel zu nennen, Kontrazeptiva, die in soziobiologischer Sicht als kontraproduktiv anzusehen sind.

Der Gedanke hat einen gewissen Reiz. Wenn Menschen durch ihren Verstand, der sie befähigt, Empfängnisse zu verhüten, in genetischer Sicht zu Fehlverhalten verleitet werden, müsste die menschliche Intelligenz zum Aussterben verurteilt sein. Man müsste erwarten, dass intelligente Menschen, weil sie weniger Nachkommen haben, als Anteil an der Weltbevölkerung immer mehr an Gewicht verlieren, um schließlich von der Erdoberfläche zu verschwinden.

Dies wäre ein natürlicher Ausleseprozess, der freilich nicht im herkömmlichen Sinne die weniger Lebensfähigen, sondern die weniger Fortpflanzungsfähigen eliminieren würde. Zwar könnte man sagen, dass es ja auch nicht um die Fortpflanzungsfähigkeit, sondern den Willen zur Fortpflanzung geht. Aber das ist soziobiologisch nun wieder einerlei. Ob eine Gattung oder eine Rasse ausstirbt, weil sie sich nicht fortpflanzen will oder sich nicht fortpflanzen kann, macht keinen Unterschied. Sie ist jedenfalls nicht überlebensfähig.

Es hat in der menschlichen Geschichte viele dunkle Zeitalter gegeben, die einer Zeit großer Blüte folgten. Immer waren die Blütezeiten durch einen Rückgang der Prokreation bei den Kulturträgern gekennzeichnet. Die Prokreation ist auch in diesen Schichten nie ganz versiegt. Aber es könnte sein, dass das nötige zahlenmäßige Gewicht dieser Schichten sich in solchen Zeiten stark verringert hat und dadurch Zerstörungen der Zivilisation heraufbeschwor, wie wir sie nach dem Zusammenbruch des weströmischen Reiches aus dem Mittelalter kennen.

Der Funke der menschlichen Intelligenz hat stets lange gebraucht, um zu zünden und Licht in das Dunkel zu bringen. Wie jedes Feuer braucht er genug brennfähiges Material, dem seine Glut sich mitteilen kann. Im Morast der Dummheit kann er nichts zum Lodern bringen. Er braucht die Trockenheit klaren Denkens. Und dieses Denken muss gar nicht seinerseits kreativ sein. Es muss aber in der Lage sein, den Funken aufzunehmen und weiterzugeben.

Wenn jedoch die Intelligenteren ihre Kinderzahl reduzieren und zugleich die weniger Intelligenten fördern, die ihre Kinderzahl auf Grund der empfangenen Hilfe eher steigern als zurücknehmen, verschieben sich die Gewichte. Die durch überlegene Waffen gegebene Macht schützt zunächst diejenigen, die sie erfinden und herstellen. Aber Waffen werden immer proliferiert. Sie erreichen irgendwann auch diejenigen, die sie weder erfinden noch herstellen können. Und es wird zum Schluss eine Frage des technologischen Vorsprungs, ob sich der eigentlich gegebene intellektuelle Vorsprung gegen die Steppe zu behaupten vermag. Der Intellekt zählt dann schon gar nicht mehr oder nur noch in geringem Maße. Bei sinkenden Geburtenzahlen, also einem Rückgang derjenigen, die den technologischen Vorsprung aufrecht erhalten könnten, schwindet die Wehrhaftigkeit. Die Steppe rückt vor. Und das Überdauern der Zivilisation wird zu einer Frage der Zeit.

In der Menschheitsgeschichte sind bisher schon mehrfach große Kulturen gescheitert, weil sie sich nicht gegen die Steppe zu behaupten vermochten. Gerne werden diese Kulturen als degeneriert beschrieben. Hier stellen wir indessen die einfach Frage, ob ihnen nicht einfach der Nachwuchs fehlte. Wenn diejenigen, die eine Kultur schaffen und pflegen, sich nicht mehr fortpflanzen, wenn das geistige Potential immer dünner wird, weil es sich nicht in vielen, sondern nur in wenigen Köpfen noch realisiert, müssen die Kulturträger sich irgendwann ergeben und werden vernichtet.

Der Intellekt scheint selbstzerstörerisch zu sein. Er führt aus guten Gründen dazu, dass die Zeugung von Kindern zeitlich hinausgeschoben wird und bedingt durch geeignete Verhütungstechniken hinausgeschoben werden kann, ohne das sexuelle Verlangen ungestillt zu lassen. Er bedingt eine markante Reduzierung der Kinderzahl bis zum völligen Verzicht auf Kinder. Und er nimmt damit der lebendigen Kultur, der lebendigen Zivilisation ihr Leben.

BEZEICHNUNGEN FÜR SPERMA

Cream
Cum
Kalter Bauer
Saft
Sahne

Der lexikalische Eintrag

FLANQUETTE-POSITION

Der Begriff Flanquette-Position leitet sich von französisch *flanquer* (= flankieren) her. Manche Fachleute bevorzugen wegen seiner Anschaulichkeit die Bezeichnung Löffelchen-Position. Beide Begriffe sind

nicht synonym, aber meistens wird der Geschlechtsverkehr in der Flanquette-Position a tergo ausgeführt. Das heißt, der männliche Partner liegt auf der Seite hinter seiner Partnerin, die ihm den Rücken zuwendet – und dann ist es tatsächlich die Löffelchen-Position.

Prof. Habermehls wissenschaftlicher Exkurs VI:

DER MANN UND SEINE EREKTION –

Für den Mann ist es äußerst frustrierend, beim Sex gefesselt oder bandagiert zu sein. Und als Bandage wird auch das Kondom empfunden. Bei übergestreiftem Kondom sinkt der Puls auf Tiefstwerte ab – zusammen mit allen anderen sexualphysiologischen Messgrößen. Ob Fellatio, Handmassage oder Missionarsstellung: Mit Kondom macht der Geschlechtsakt den Männern mehrheitlich schlicht keinen Spaß. Bei manchen ergeben sich sogar schwere Erektionsstörungen. Sobald sie das Kondom anlegen, schrumpft der Penis und sackt regelrecht in sich zusammen.

Dieser Störeffekt fällt umso mehr auf, als die Erektion im allgemeinen vor dem Eindringen des Penis in die Vagina am kräftigsten ist. Also genau in dem Moment, wo in den Testreihen des GEWIS-Instituts das Kondom übergezogen wurde. Nach dem Eindringen lässt die Erektion auch ohne Kondom regelmäßig etwas nach. Es tritt eine vorübergehende leichte Erschlaffung ein. In dieser Phase macht sich der hemmende Einfluss des Kondoms daher zunächst nicht so augenfällig bemerkbar. Der Rückgang der Erektion entspricht den Erwartungen und der weitere Erregungsverlauf beginnt einfach auf einem niedrigeren Niveau. Später jedoch zeigt sich der Effekt des Kondoms dann noch einmal deutlicher.

Die Erregung steigt normalerweise im Anschluss an die Erschlaffungsphase unmittelbar nach dem Eindringen des Penis in die Vagina wieder stetig an. Es gibt dann zwar kurz vor dem Orgasmus oft nochmals einen leichten Rückgang der Messwerte. So als würde der Körper in einem letzten Anlauf Schwung holen, um mit aller verfügbaren Kraft auf den Höhepunkt zuzusteuern. Aber insgesamt sind die Trendlinien immer unverkennbar nach oben gerichtet. Nur bei Kondombenutzung gilt diese Grundregel nicht. Der Erregungspegel steigt und fällt, ohne dass eine Richtung zu erkennen wäre. Erst wenn sich der Orgasmus ankündigt, fangen die Werte an, konsequent nach oben zu klettern.

Als der amerikanische Gynäkologe William Masters und seine Assistentin Virginia Johnson vor mittlerweile mehr als einer Generation die weltweit ersten sexualphysiologischen Untersuchungen durchführten, hielten sie die Richtungslosigkeit der sexologischen Kennwerte noch für normal. Die Atmosphäre in ihrem Labor war dermaßen künstlich, dass nahezu jeder Mann so reagierte, als hätte man ihm ein Kondom übergezogen. Sie erfanden für diese Reaktion sogar einen eigenen Fachbegriff: Plateau-Phase. Die GEWIS-Untersuchung belegt endgültig, dass es eine Plateau-Phase nicht gibt. Jedenfalls nicht unter annähernd natürlichen Bedingungen.

Es existiert dementsprechend auch keine der Plateau-Phase vorgelagerte Erregungs-Phase. Die sexuelle Reaktion läuft nicht in Phasen ab. Sie ist am ehesten mit Brandungswellen vergleichbar. Die Erregung baut sich langsam in einer breiten Woge auf. Kleinere Wellen überlagern die Gesamtbewegung. Beeinflussen sie aber nicht weiter. Manchmal erreicht eine schon sehr steile Woge doch nicht die volle Brandungshöhe und sinkt wieder ab. Dann dauert es eine zeitlang, bis sich die nächste Woge auftürmt. Dieses Auf und Ab kann sich mehrmals wiederholen. Aber unter günstigen Bedingungen wird doch mindestens etwa jede zweite anrollende Woge zum Brecher. Der Wellenkamm schießt immer höher und kippt schließlich schäumend zum Orgasmus über.

Sämtliche Versuche, die sexuelle Reaktion in irgendein Ordnungsschema zu pressen, sind von vorneherein zum Scheitern verurteilt. Selbst die scheinbar naheliegende Einteilung in Vor-, Haupt- und Nachspiel ist irreführend. Es gibt immer nur ein Spiel. Gleichgültig, ob es mit Fellatio anfängt und in der Missionarsstellung aufhört oder umgekehrt. Dies jedenfalls ist das vielleicht wichtigste Ergebnis der GEWIS-Experimente: Sowohl in der subjektiven Beurteilung durch die Testpersonen als auch gemessen an den objektiven Untersuchungswerten hoben sich die spielerischen, einfallsreichen Geschlechtsakte bemerkenswert deutlich vom Durchschnitt ab. Je bunter die Paare ihr Liebesspiel gestalteten, desto größer wurde die Erregung und desto stärker war der Orgasmus.

DER NEUE MANN 2005

(Befragt wurden 1090 Männer zwischen 18 und 40 Jahren)

Wie oft telefonieren Sie mit Ihrem Vater?
Ein paar Mal die Woche . . . . 2 %
Ein paar Mal im Monat. . . . . 5 %
Ein paar Mal im Jahr. . . . . 36 %
Eigentlich nie . . . . 57 %

Ihre Tochter bringt ihren Freund mit nach Hause. Womit hätten Sie ein Problem?
Er ist wesentlich älter als meine Tochter . . . . 41 %
Er ist älter als ich. . . . . 85 %
Er ist arbeitslos . . . . 63 %
Er ist Ausländer. . . . . 34 %
Er hat kein Abitur . . . . 29 %
Nichts davon. . . . . 8 %

Mit wie vielen Frauen haben Sie schon geschlafen?
Mit keiner. . . . . 7 %
Bis 10 . . . . 72 %
11 bis 20. . . . . 13 %
21 bis 50. . . . . 6 %
Mehr als 50. . . . . 2 %

Glauben Sie, Ihr Vater hat schon mal Ihre Mutter betrogen?
Ja. . . . . 64 %
Nein . . . . 36 %

Finanziell und beruflich mache ich mir Sorgen, dass …
meine Rente nicht reichen wird. . . . . 17 %
ich für meine Familie nicht sorgen kann . . . . 28 %
ich meinen Arbeitsplatz verliere. . . . . 49 %
ich mir keinerlei Luxus leisten kann . . . . 33 %
der Staat die Steuern drastisch erhöht . . . . 56 %

Ich hätte im Beruf mehr Erfolg, wenn ...

ich einen anderen Chef hätte. . . . . 13 %
ich ehrgeiziger und mutiger wäre. . . . . 20 %
ich weniger Rücksicht auf andere nehmen würde . . . . 24 %
ich mich für einen komplett anderen Beruf entschieden hätte . . . . 29 %
ich mich mehr auf meinen Bauch verlassen würde. . . . . 18 %

Meine Lebensziele sind, ...

eine Familie zu gründen . . . . 65 %
beruflich Erfolg zu haben . . . . 84 %
viel Freizeit zu haben und diese zu genießen . . . . 71 %
ein seliges Alter zu erreichen . . . . 12 %
etwas zu schaffen, woran man sich erinnern wird . . . . 43 %

Ich bin stolz auf ...

meine Beziehung. . . . . 26 %
meinen Beruf . . . . 35 %
meinen Mode-Stil . . . . 4 %
mein Bankkonto . . . . 7 %
mein Auto. . . . . 19 %
nichts davon . . . . 62 %

Ein guter Freund ...

ist für mich da, wenn es mir mies geht . . . . 96 %
geht mit mir einen trinken und macht nicht viele Worte. . . . . 25 %
würde mich nie hintergehen . . . . 100 %
vertritt dieselben Werte und Ansichten wie ich . . . . 83 %
sagt mir die Wahrheit so ins Gesicht, dass ich sie verstehe . . . . 95 %

Ich ...

trainiere jede Woche und bin topfit. . . . . 22 %
mache nicht viel Sport, aber fühle mich fit und bin zufrieden . . . . 45 %
bin fit, aber unzufrieden mit meinem Körper . . . . 21 %
sollte endlich mehr Sport machen . . . . 14 %
mache keinen Sport. . . . . 27 %

Wen würden Sie am ehesten als Vorbild für sich ansehen?

Gerhard Schröder . . . . 9 %
Bill Gates . . . . 36 %
Michael Schumacher . . . . 23 %
Herbert Grönemeyer . . . . 14 %
Günter Grass . . . . 11 %
Günter Jauch . . . . 7 %

Wenn ich meinen Körper tauschen könnte, dann am ehesten mit ..

Wladimir Klitschko . . . . 55 %
Boris Becker . . . . 2 %
Michael Ballack . . . . 19 %
Brad Pitt . . . . 13 %
Robbie Williams . . . . 11 %

Wenn ich den Körper meiner Frau/Freundin tauschen könnte, dann am ehesten mit dem von …

Heidi Klum . . . . 37 %
Jennifer Lopez . . . . 21 %
Naomi Campbell . . . . 6 %
Pamela Anderson . . . . 12 %
Britney Spears . . . . 24 %

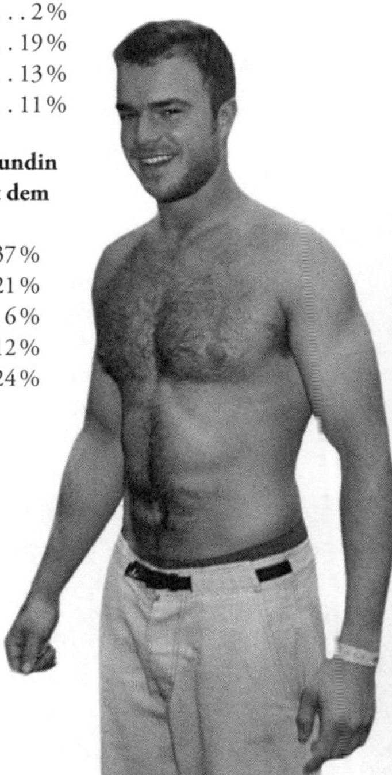

Der veraltete lexikalische Eintrag

HOTTENTOTTENSCHÜRZE

„Mit dem Ausdruck „Hottentottenschürze" (franz. le tablier) bezeichnen wir eine Vergrößerung der weiblichen Schamlippen, die bei fast allen Völkern der Erde zu finden ist. Auch bei uns kommt sie verhältnismäßig häufig vor und ist dann oft durch onanistische Manipulationen bewirkt. Ich selbst sah einen ganz besonders krassen Fall bei einer exzessiven Onanistin, bei der das linke Labium minus über 3 cm lang aus der Rima prudendi heraushing."

Aus: Max Marcuse, Handwörterbuch der Sexualwissenschaft, Berlin 1923

VANILLE

Kondome der Geschmacksrichtung Vanille sind nicht jedermanns Geschmack, wieso hätte sonst ein großer Hersteller seine Marke „Golden Vanilla" schon vor einigen Jahren vom Markt genommen. Dabei passt kaum etwas besser zu einem männlichen Geschlechtsorgan als Vanille – zumindest vom Namen her. Denn „Vanille" leitet sich von „Vagina" ab – und wer die Früchte einmal in Natura gesehen hat, weiß wieso ...

Der aktuelle Tipp für die Frau

NR. III

Wofür Schnickschnack? Strapse, die zugehörigen Nylons mit Naht, Strumpfbänder, lange Handschuhe, hochhackige Pumps oder Stiefel, Uniformstücke und auch die meisten sonstigen Utensilien aus der erotischen Klamottenkiste sind in erster Linie Verfremdungselemente. Sie sollen den vertrauten Körper der Partnerin verändern und dadurch neu erscheinen lassen. Aber es geht noch um mehr. Sie zerlegen ihn auch, trennen Teile optisch ab, zeichnen Schnittlinien vor. Die durch Bänder und Gürtel „zerteilte" Frau wird berechenbarer, sie ordnet sich in einen überschaubaren Rahmen ein, ihre verwirrende Ursprünglichkeit löst sich auf in kulturelle Standards. Das mysteriöse Immer-Weibliche verwandelt sich in verbraucherfreundlichen Sex-Appeal.

Der lexikalische Eintrag

EIACULATIO PRAECOX

Lateinischer Terminus für den vorzeitigen Samenerguss. Fachlich die Ejakulation vor oder bei Eindringen des Glieds in die Scheide. Umgangssprachlich auch der Samenerguss, bevor die Frau zum Orgasmus gelangt ist. Meistens bedingt durch Übererregung, längere sexuelle Abstinenz. Manche Autoren sehen einen Zusammenhang zwischen der Eiaculatio praecox und seelischen Beeinträchtigungen, zum Beispiel Kastrationsangst.

8 ANSICHTEN VON FRAUEN ÜBER DIE EHE

Viele, von denen man glaubt, sie seien gestorben, sind bloß verheiratet.
Françoise Sagan

Die Ehe – vom Staat sanktionierte Tyrannei. *Alma Mahler-Werfel*

Die Ehe ist eine sehr gute Institution, aber ich bin nicht reif für eine Institution. *Mae West*

Eine obszöne Einrichtung zur Ausbeutung der Männer. *Esther Vilar*

Die Ehe lehrt uns, zwischen Männern und verheirateten Junggesellen zu unterscheiden. *Maureen Kelly*

Zur Ehe gehört schon ein bisschen mehr als Liebe. *Faye Dunaway*

In der Ehe ist es wichtig, dass man versteht, harmonisch miteinander zu streiten. *Anita Ekberg*

Die Ehe funktioniert am besten, wenn beide Partner ein bisschen unverheiratet bleiben. *Claudia Cardinale*

HÄRTEFALL

Kommt es vor, dass Ihr Penis nicht so hart und kräftig wird, wie Sie es sich beim Sex wünschen?

	Alter		
	20–35	*36–50*	*51–65*
Öfter	19 %	39 %	47 %
Gelegentlich	32 %	33 %	42 %
Selten	37 %	25 %	11 %
Nie	12 %	3 %	0 %

(2036 Männer zwischen 20 und 65)

TEUFLISCHE ARITHMETIK

Dass manche Leute mit lustigen Namen durchs Leben gehen müssen, ist ja allgemein bekannt: Rosa Schlüpfer, Wilma Ficken oder Georg Asmus sind Klassiker, und es gibt sie wirklich. Auch Eltern sind vor kleinen Scherzen mit dem Nachwuchs nicht gefeit. Was aber ist von einer eigenartigen Koinzidenz von Namenshäufigkeiten im Hamburger Telefonbuch zu halten, die dem geneigten Leser nicht vorenthalten werden soll. Es gibt nämlich:

5 x Schwanz

und

4 x Moese/Möse

---

54 x Fick

Das ist doch kein Zufall!
Arbeitsauftrag: Entwickeln Sie eine Verschwörungstheorie.

SO ALT MUSS MAN SEIN …

Die Mindestaltergrenzen für Sex fallen in Europa sehr unterschiedlich aus. Die liberalste Altersgrenze, nämlich ein Mindestalter von 12 Jahren für alle Arten von sexuellen Kontakten gilt in **Spanien, Malta** und – man wundere sich bitte sehr – im **Vatikan.** Und das sogar für homosexuelle Kontakte. In Gibraltar ist Analverkehr bei Homsexuellen ab 18 erlaubt, bei heterosexuellen Paaren hingegen gar nicht.

Ebenfalls sehr wunderlich die bis 2002 in **Zypern** gültige Regelung: Hier ist homosexueller Analverkehr erst mit 18 erlaubt, heterosexueller Analverkehr bereits mit 13. Das mag diskriminierend sein, aber das entspricht zumindest der gängigen Praxis in vielen europäischen Ländern. Ganz und gar unüblich aber: Während also heterosexueller Analverkehr ab 13 zulässig ist, darf „normaler" Vaginalverkehr erst ab 16 Jahren betrieben werden. Das mag Teenagerschwangerschaften verhindern, aber na ja …

	heterosexuelle Kontakte	homosexuelle Kontakte	heterosexueller Analverkehr	homosexueller Analverkehr	Andere Handlungen
Albanien	14	18	14	18	14
Andorra	16	16	16	v.	16
Armenien	16	16	16	16	16
Österreich[1]	14	14	14	14	12
Aserbaidschan	16	16	16	16	16
Belarus	ind.	18	ind.	18	ind.
Belgien	16	16	16	16	16
Bosnien-Herzegowina	14	14	14	X	14
Bulgarien[2]	14	16(18)	14	16(18)	n. a.
Kroatien	14	14	14	14	14
Zypern	16	18	13	18	n. a.

Tschechische Republik	15	15	15	15	15
Dänemark	15	15	15	15	n. a.
Deutschland	14	14	14	14	14
England	16	16	16	16	16
Estland[3]	14 (16)	15 (16)	14 (16)	14 (16)	n. a.
Finnland	16	16	16	16	n. a.
Frankreich	15	15	15	15	15
Georgien	16	16	16	X	16
Gibraltar	16	18	X	18	16
Griechenland	15	15	15	15	15
Grönland	15	15	15	15	15
Guernsey	16	18	n. a.	18	n. a.
Ungarn	14	14	14	14	14
Island	14	14	14	14	14
Irland[4]	15(17)	17	17	15(17)	n. a.
Italien	14	14	14	14	14
Jersey	16	n. a.	X	21	n. a.
Lettland	16	14	14	14	14
Liechtenstein	14	14	14	14	14
Litauen	14	14	14	14	14
Luxemburg	16	16	16	16	16
Mazedonien	14	14	14	14	14
Malta	12	12	12	12	12
Isle of Man	16	21	21	21	16
Moldau	14	14	14	14	14
Monaco	15	15	15	15	15
Montenegro	14	14	14	14	14
Niederlande	16	16	16	16	16
Nordirland	17	17	X	17	17

Norwegen	16	16	16	16	16
Polen	15	15	15	15	15
Portugal[5]	14	16	14	16	14(16)
Rumänien	15	15	15	15	15
Russland	16	16	16	16	16
San Marino	14	14	14	14	14
Serbien	14	14	14	18	14
Schottland[6]	16 (n. a.)	16	16	16	16
Slowakei	15	15	15	15	15
Slowenien	14	14	14	14	14
Spanien	12	12	12	12	12
Schweden	15	15	15	15	15
Schweiz	16	16	16	16	16
Türkei	18	18	18	18	15
Ukraine	ind.	ind.	ind.	ind.	ind.
Vatikan	12	12	12	12	12
Wales	16	16	16	16	16

Legende:

 unter allen Umständen verboten

ind. Berücksichtigung des jeweiligen Einzelfalls

n. a. diese Fälle sind nicht gesetzlich geregelt

Fußnoten:

[1] komplizierte Altersunterschiedregelung

[2] Homosexuelle Kontakte von Erwachsenen und Kindern sind nicht gestattet.

[3] Ist einer der Beteiligten über 18 Jahre alt, gilt ein Mindestalter von 16 Jahren.

[4] Homosexuelle Kontakte unter Männern generell erst ab 17, Vaginalverkehr mit volljährigen Männern erst ab 17.

[5] Angleichung der Altersgrenzen in Sicht

[6] Der Verkehr volljähriger Frauen mit Minderjährigen unterliegt der individuellen biologischen Geschlechtsreife.

UNERWÜNSCHTE NEBENWIRKUNGEN DES POTENZMITTELS „VIAGRA“

(laut Beipackzettel der Pfizer AG, Zürich)

Kopfschmerzen (häufig)
Gesichtsrötung (häufig)
Verdauungsstörungen (selten)
Schwindel (selten)
Verstopfte Nase (selten)
Sehstörungen einschließlich Störungen des Farbensehens, verstärkte Lichtempfindlichkeit und unscharfes Sehen (selten)
Schnupfen (sehr selten)
Muskelschmerzen, wenn Viagra häufiger als einmal täglich eingenommen wird (sehr selten)
Hautausschlag (sehr selten)
Jucken (sehr selten)
Gesichtsschwellung (sehr selten)
Geschwollene Lippen (sehr selten)
Kurzatmigkeit (sehr selten)
Asthmaanfall (sehr selten)
Blutdruckabfall von Schwindel bis Ohnmacht (sehr selten)
Akuter Myokardinfarkt (sehr selten)
Hirnschlaganfall (sehr selten)
Cerebraler Krampfanfall (äußerst selten)

Der lexikalische Eintrag

CELLOHODEN

Medizinischen Untersuchungen zufolge sind Cellisten überdurchschnittlich häufig von Potenzproblemen betroffen. Als Ursache werden die vom Klangkörper des Cellos auf die Hoden der Spieler übertragenen Vibrationen angesehen. Deshalb spricht man von Cellohoden. Die näheren Zusammenhänge sind noch ungeklärt.

Der lexikalische Eintrag

EMMA-KOMPLEX

Nach der Romanfigur Emma Bovary von Gustave Flaubert benannte Fehlinterpretation weiblicher Identität durch Frauen aller Altersgruppen. Der Emma-Komplex äußerst sich in einem mehr oder weniger verzerrten Selbstbild, bei dem die Betroffenen sich in meist krasser Abweichung vom Fremdbild bestimmte Eigenschaften zu- oder abschreiben.

8 PROMINENTE HUREN UND LUDER

✿ Domenica ✿
✿ Jenny Elvers-Elbertzhagen ✿
✿ Rosemarie Nitribitt ✿
✿ Edith Piaf ✿
✿ Katie Price ✿
✿ Paris Hilton ✿
✿ Josephine Baker ✿
✿ Mata Hari ✿

Der lexikalische Eintrag

VERFÜHRUNG

In Deutschland hat der Begriff Verführung eine umgangssprachliche und eine juristische Bedeutung. In der Juristensprache ist Verführung die strafbare Verleitung eines Mädchens unter 16 Jahren zum „Beischlaf". In der Umgangssprache bezeichnet man als Verführung alle erlaubten und verbotenen Tricks, um einen Partner ins Bett zu kriegen. Angefangen vom unschuldigen Augenaufschlag bis hin zum Einsatz von K.o.-Tropfen.

ABTREIBUNGSPARAGRAPHEN IN DEUTSCHLAND

§ 218 Schwangerschaftsabbruch

(1) Wer eine Schwangerschaft abbricht, wird mit Freiheitsstrafe bis zu drei Jahren oder mit Geldstrafe bestraft. Handlungen, deren Wirkung vor Abschluss der Einnistung des befruchteten Eies in der Gebärmutter eintritt, gelten nicht als Schwangerschaftsabbruch im Sinne dieses Gesetzes.

(2) In besonders schweren Fällen ist die Strafe Freiheitsstrafe von sechs Monaten bis zu fünf Jahren. Ein besonders schwerer Fall liegt in der Regel vor, wenn der Täter

1. gegen den Willen der Schwangeren handelt oder
2. leichtfertig die Gefahr des Todes oder einer schweren Gesundheitsschädigung der Schwangeren verursacht.

(3) Begeht die Schwangere die Tat, so ist die Strafe Freiheitsstrafe bis zu einem Jahr oder Geldstrafe.

(4) Der Versuch ist strafbar. Die Schwangere wird nicht wegen Versuchs bestraft.

§ 218a Straflosigkeit des Schwangerschaftsabbruchs

(1) Der Tatbestand des § 218 ist nicht verwirklicht, wenn

1. die Schwangere den Schwangerschaftsabbruch verlangt und dem Arzt durch eine Bescheinigung nach § 219 Abs. 2 Satz 2 nachgewiesen hat, dass sie sich mindestens drei Tage vor dem Eingriff hat beraten lassen,
2. der Schwangerschaftsabbruch von einem Arzt vorgenommen wird und
3. seit der Empfängnis nicht mehr als zwölf Wochen vergangen sind.

(2) Der mit Einwilligung der Schwangeren von einem Arzt vorgenommene Schwangerschaftsabbruch ist nicht rechtswidrig, wenn der Abbruch der Schwangerschaft unter Berücksichtigung der gegenwärtigen und zukünftigen Lebensverhältnisse der Schwangeren nach ärztlicher Erkenntnis angezeigt ist, um eine Gefahr für das Leben oder die Gefahr einer schwerwiegenden Beeinträchtigung des körperlichen oder seelischen Gesundheitszustandes der Schwangeren abzuwenden, und die Gefahr nicht auf eine andere für sie zumutbare Weise abgewendet werden kann.

(3) Die Voraussetzungen des Absatzes 2 gelten bei einem Schwangerschaftsabbruch, der mit Einwilligung der Schwangeren von einem Arzt vorgenommen wird, auch als erfüllt, wenn ärztlicher Erkenntnis an der Schwangeren eine rechtswidrige Tat nach den §§ 176 bis 179 des Strafgesetzbuches begangen worden ist, dringende Gründe für die Annahme sprechen, dass die Schwangerschaft auf der Tat beruht, und seit der Empfängnis nicht mehr als zwölf Wochen vergangen sind.

(4) Die Schwangere ist nicht nach § 218 strafbar, wenn der Schwangerschaftsabbruch nach Beratung (§ 219) von einem Arzt vorgenommen worden ist und seit der Empfängnis nicht mehr als zweiundzwanzig Wochen verstrichen sind. Das Gericht kann von Strafe nach § 218 absehen, wenn die Schwangere sich zur Zeit des Eingriffs in besonderer Bedrängnis befunden hat.

§ 218b Schwangerschaftsabbruch ohne ärztliche Feststellung, unrichtige ärztliche Feststellung

(1) Wer in den Fällen des § 218a Abs. 2 oder 3 eine Schwangerschaft abbricht, ohne dass ihm die schriftliche Feststellung eines Arztes, der nicht selbst den Schwangerschaftsabbruch vornimmt, darüber vorgelegen hat, ob die Voraussetzungen des § 218a Abs. 2 oder 3 gegeben sind, wird mit Freiheitsstrafe bis zu einem Jahr oder mit Geldstrafe bestraft, wenn die Tat nicht in § 218 mit Strafe bedroht ist. Wer als Arzt wider besseres Wissen eine unrichtige Feststellung über die Voraussetzungen des § 218a Abs. 2 oder 3 zur Vorlage nach Satz 1 trifft, wird mit Freiheitsstrafe bis zu zwei Jahren oder mit Geldstrafe bestraft, wenn die Tat nicht in § 218 mit Strafe bedroht ist. Die Schwangere ist nicht nach Satz 1 oder 2 strafbar.

(2) Ein Arzt darf Feststellungen nach § 218a Abs. 2 oder 3 nicht treffen, wenn ihm die zuständige Stelle dies untersagt hat, weil er wegen einer rechtswidrigen Tat nach Absatz 1, den §§ 218, 219a oder 219b oder wegen einer anderen rechtswidrigen Tat, die er im Zusammenhang mit einem Schwangerschaftsabbruch begangen hat, rechtskräftig verurteilt worden ist. Die zuständige Stelle kann einem Arzt vorläufig untersagen, Feststellungen nach § 218a Abs. 2 und 3 zu treffen, wenn gegen ihn wegen des Verdachts einer der in Satz 1 bezeichneten rechtswidrigen Taten das Hauptverfahren eröffnet worden ist.

§ 218c Ärztliche Pflichtverletzung bei einem Schwangerschaftsabbruch

(1) Wer eine Schwangerschaft abbricht,

1. ohne der Frau Gelegenheit gegeben zu haben, ihm die Gründe für ihr Verlangen nach Abbruch der Schwangerschaft darzulegen,

2. ohne die Schwangere über die Bedeutung des Eingriffs, insbesondere über Ablauf, Folgen, Risiken, mögliche physische und psychische Auswirkungen ärztlich beraten zu haben,

3. ohne sich zuvor in den Fällen des § 218a Abs. 1 und 3 auf Grund ärztlicher Untersuchung von der Dauer der Schwangerschaft überzeugt zu haben oder

4. obwohl er die Frau in einem Fall des § 218a Abs. 1 nach § 219 beraten hat,

wird mit Freiheitsstrafe bis zu einem Jahr oder mit Geldstrafe bestraft, wenn die Tat nicht in § 218 mit Strafe bedroht ist.

(2) Die Schwangere ist nicht nach Absatz 1 strafbar.

ABTREIBUNGSRECHT WELTWEIT

Im grau markierten Teil der Welt ist Abtreibung unter allen Umständen absolut verboten bzw. nur dann erlaubt, wenn die Schwangere in Lebensgefahr schwebt.

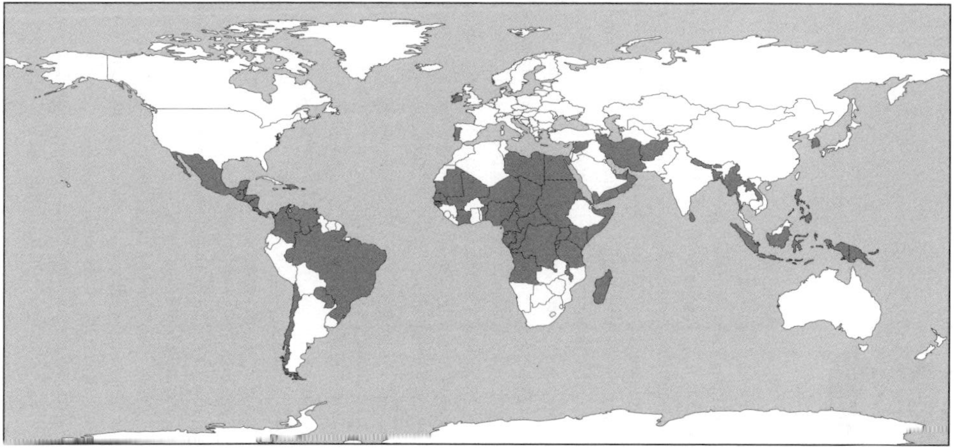

Prof. Habermehls wissenschaftlicher Exkurs VII, 1

WAS HÄLT UNS ZUSAMMEN ODER WAS IST EIGENTLICH LIEBE -

Liebe scheint im zeitlichen Verlauf immer nachzulassen. Im Falle der Geschlechtsliebe weicht die Verliebtheit (eine besonders intensive Form der Liebe) normalerweise innerhalb weniger Wochen einer weitgehend von prägnanten körperlichen Symptomen (Herzklopfen und so weiter) freien Zuneigung. Auch diese geht allmählich zurück, bleibt aber oft residual erhalten. Dies kann man insbesondere daran ablesen, dass Paare, die sich vertraglich, zum Beispiel durch eine Ehe, wechselseitig verbunden haben, auch bei gegebenen Möglichkeiten der Vertragslösung meistens an ihrer Partnerschaft festhalten. Dabei spielen natürlich die jeweils getroffenen Vereinbarungen (Unterhaltspflichten, Sorgerecht für gemeinsame Kinder und so weiter) eine nicht unerhebliche Rolle. Aber man wird kaum annehmen wollen, dass etwa lebenswierige Ehen sich allein den bei der Eheschließung (implizit oder explizit) abgemachten vertraglichen Bedingungen verdanken.

Der wichtigste Faktor dürfte dabei die Gewöhnung an den Partner beziehungsweise die Vertrautheit mit ihm sein. Ein Phänomen, das man mit der Heimatliebe vergleichen kann, durch die viele Akteure sich an die Landschaft, die Sitten, das Klima oder den Menschenschlag des Ortes ihrer Kindheit gebunden fühlen.

Die Frage ist eigentlich auch gar nicht, warum Akteure an einer lieb gewordenen Person oder Sache festhalten, sondern welche Merkmale der geliebten Objekte und welche Umstände es sind, die diese Objekte den Akteuren lieb werden lassen.

Schon Westermarck (1902) hatte bezüglich der Geschlechtsliebe darauf hingewiesen, dass auch ohne das Bestehen entsprechender Normen die Partnerwahl selten auf einen Mann oder eine Frau fällt, mit der ein Akteur aufgewachsen ist (Geschwister, Angehörige von Nachbarschaftsverbänden und so weiter). Wenn wir also nach unseren eingangs angestellten Überlegungen vermuten möchten, dass die gegengeschlechtliche Attraktion bedingt ist durch die Nähe des jeweiligen potentiellen Partners zum Durchschnittstypus seines Geschlechts, müssen wir doch beachten, dass es dem zuwider laufende Faktoren gibt, die selbst geradezu ideale Vertreter der beiden Geschlechter voneinander fern halten. Westermarcks Befund beleuchtet ja nur einen dieser Faktoren, der aber vermutlich nicht allein steht.

Vieles deutet darauf hin, dass Sensibilität besonders wichtig ist. Menschen unterscheiden sich ja sehr stark hinsichtlich ihrer Empfindlichkeit gegenüber unterschiedlichen Stimuli. Von zentraler Bedeutung dürfte die Empfindlichkeit gegenüber aversiven Reizen sein: Lärm, Schmutz, Gestank, Gewalt und so weiter). Eine geringere Rolle scheint die Empfindlichkeit gegenüber Lockreizen zu spielen. Mit anderen Worten: Wenn potentielle Sexualpartner bestimmte Neigungen nicht teilen, ist das solange relativ unproblematisch, wie nur bei einem durch entsprechende Reize ein Appetenzverhalten ausgelöst wird, während der andere diesen Reizen gegenüber neutral bleibt. Erst wenn der eine durch etwas angezogen wird, was den anderen abstößt, werden Paarbildungen unwahrscheinlich und bestehende Partnerschaften prekär.

Natürlich kann auch Neutralität ein Störfaktor sein, wie wenn jemand starkes Interesse an einem Hobby hat, das sein (potentieller) Partner mit gleichgültigem Desinteresse betrachtet. Aber natürlich ist der Effekt weniger ausgeprägt als im Falle einer deutlich zum Ausdruck kommenden Ablehnung. Und selbst wenn die Ablehnung nicht zum Ausdruck gebracht, sondern sogar verhehlt wird, ist zumindest derjenige, der sie empfindet zweifellos weniger geneigt, eine Partnerschaft einzugehen oder aufrecht zu erhalten, als ein in diesem Punkt gefühlloser Akteur.

Ich vermute, dass sogar bei einer gemeinsam geteilten, aber unterschiedlich stark ausgeprägten Aversion der Effekt ungünstiger für das Zustandekommen und insbesondere für die Aufrechterhaltung einer Partnerschaft ist. Wer sich beispielsweise durch Schmutz erheblich beeinträchtigt fühlt, kann schwer nachvollziehen, dass andere nicht das gleiche Unbehagen empfinden. Der Schmutz (zum Beispiel Hausstaub) ist objektiv gegeben. Man muss ihn also beseitigen. Wenn der Partner sich nicht an der Beseitigung beteiligt, mutet er einem damit zu, die Arbeit allein zu tun. So erscheint in der wechselseitigen Wahrnehmung der eine dann als „Schmutzfink", der andere als „Putzteufel". Und je mehr derartige Etiketten die Partner untereinander vergeben, desto instabiler wird die Beziehung. Unzureichende Anteilnahme an persönlichen Liebhabereien hingegen ist zwar ebenfalls unerfreulich, aber insoweit erträglicher, als die entsprechenden Liebhabereien als solche ungehindert gepflegt werden können. Die Steigerung der Freude durch ein gleichgesinntes Gemüt entfällt. Doch die Freude selbst bleibt ungetrübt.

Dennoch muss man freilich sehen, dass eine tragfähige Beziehung wohl darauf angewiesen ist, dass die Partner eine nicht zu kleine Palette von gleichsinnigen Sensibilitäten teilen. Bei einer beiderseits monoman verfolgten Lebensaufgabe beruflicher, künstlerischer, religiöser, humanitärer Art und so weiter kann man sich zwar vorstellen, dass andere Bindeglieder weitestgehend entbehrlich sind. Aber die meisten Menschen sind nun mal nicht monoman, sondern vielseitig. Sie begeistern sich etwa für eine bestimmte Sportart, gutes Essen, Musik, Reisen, Autos, Mode, Wein, Detektivgeschichten und Mystik. Wenn nun die einzige Gemeinsamkeit der Partner das gute Essen ist, während ihre übrigen Neigungen weit auseinander liegen, reduziert sich nicht nur der Spielraum für mögliche genussvoll zusammen unternommene Aktivitäten, sondern bereits die Kommunikationsbasis. Man kann sich über viele Dinge nicht austauschen, weil der eine Partner daran uninteressiert ist und oftmals zu pertinenten Stellungnahmen auch gar nicht in der Lage ist, weil er von diesen Dingen nichts versteht.

Selbst gleichsinnige Sensibilitäten sind überdies oftmals nicht komplementär. Beide Partner mögen an einem bestimmten Thema interessiert sein oder auch die gleiche Schwäche für bestimmte Aktivitäten haben, aber doch so, dass die bestehende Gemeinsamkeit dadurch konfliktbeladen ist, dass jeweils nur einer der beiden zum Zuge kommen kann. Bei einem Gespräch über einen gemeinsam angeschauten Film beispielsweise möchten wahrscheinlich beide ihre Eindrücke und Beurteilungen darlegen. Dadurch geraten sie unter Umständen in eine Konkurrenzsituation, in der sie sich gegenseitig nicht richtig zu Wort kommen lassen, weil jeder gewissermaßen unter dem Druck steht, zunächst seine Sicht ausführlich zu erläutern.

TREUE UND SEITENSPRUNG

(Umfrage in Österreich; n > 1000 Frauen und Männer zwischen 16 und 65)

	Frauen	**Männer**	**Gesamt**
Wie wichtig ist Ihnen Treue in der Partnerschaft?			
Sehr wichtig	93 %	89 %	91 %
Ziemlich wichtig	7 %	11 %	9 %
Weniger, nicht wichtig	0 %	0 %	0 %
Glauben Sie, dass man ein ganzes Leben lang treu sein kann?			
Ja	54 %	38 %	46 %
Nein	46 %	62 %	54 %
Was ist in der Liebe wichtiger: Treue oder sexuelle Erfüllung?			
Treue	58 %	41 %	49 %
Sexuelle Erfüllung	42 %	59 %	51 %
Haben Sie schon mal an einen Seitensprung gedacht?			
Ja	75 %	86 %	81 %
Nein	25 %	14 %	19 %
Haben Sie schon mal einen Seitensprung gemacht?			
Ja	43 %	56 %	50 %
Nein	57 %	44 %	50 %
Gehen Sie zur Zeit fremd?			
Ja	6 %	10 %	8 %
Nein	94 %	90 %	92 %
Wo fängt für Sie ein Seitensprung an?			
Flirten	17 %	12 %	15 %
Händchenhalten	34 %	38 %	36 %
Kuss mit Zungenkontakt	41 %	33 %	37 %
Petting	6 %	9 %	7 %
Geschlechtsverkehr	2 %	8 %	5 %

Falls Sie schon mal einen Seitensprung gemacht haben:
Was waren die Gründe?

Ich ...			
war betrunken	19 %	24 %	22 %
wollte mich für einen Seitensprung meines Partners/meiner Partnerin rächen	15 %	9 %	12 %
war verliebt	36 %	28 %	32 %
hatte Lust	40 %	49 %	45 %
wollte mal wissen, wie das ist	11 %	6 %	8 %
fühlte mich allein	23 %	18 %	20 %

Falls Sie schon mal einen Seitensprung gemacht haben:
Wie haben Sie sich danach gefühlt?

Schuldig	71 %	62 %	66 %
Befriedigt	16 %	33 %	30 %
Happy	30 %	24 %	26 %
Enttäuscht	21 %	15 %	17 %
Billig	5 %	0 %	2 %
Unbeherrscht	38 %	33 %	35 %
Nichts davon	4 %	3 %	3 %

Wenn bei Ihnen schon mal ein Seitensprung vorgekommen ist:
Was waren die Auswirkungen?

Wir haben uns ausgesprochen	24 %	19 %	21 %
Wir haben uns böse beschimpft	32 %	39 %	36 %
Wir haben uns getrennt	15 %	18 %	17 %
Es gab keine Auswirkungen	63 %	54 %	58 %

Die folgenden Seiten auf festes Papier oder Pappe kopieren, ausschneiden, loslegen. Hier sind die Regeln:

Quartett-Spielregeln

Mindestens drei Mitspieler sind nötig. Karten mischen und verteilen, der Spieler links vom Geber darf anfangen, einen beliebigen Mitspieler nach fehlenden Karten zu fragen. Man darf solange fragen, bis ein Mitspieler eine Karte nicht abgeben kann, dann setzt dieser das Spiel fort. Gewonnen hat der Spieler mit den meisten vollständigen Quartetten.

Trumpf-Spielregeln

(das bringt noch mehr Spaß)

Hier reichen bereits zwei Mitspieler: Karten mischen und verteilen. Jeder Spieler hält die Karten als kompletten Block, so dass er und auch die anderen Spieler nur die oberste Karte sehen können. Der Spieler links vom Geber fängt an. Er wählt eine der technischen Angaben aus und liest diese vor. Bei diesem Quartett eigenen sich dafür Länge, Breite, Wandstärke und Preis. Nach vorheriger Vereinbarung kann man sich natürlich auch auf Farben und deren Wertigkeit einigen (z. B. gold vor grün, vor rot, vor transparent). Anschließend lesen die Mitspieler die Angabe auf ihrer Karte vor. Wer den höchsten Wert hat, gewinnt, bei der Angabe Preis gewinnt der Spieler mit dem niedrigsten Preis, ebenso gewinnt die geringste Wandstärke. Das lässt sich durch Vereinbarung natürlich umkehren.

Der Gewinner der Runde erhält die Karten der Mitspieler und darf weitermachen. Das Spiel ist zu Ende, wenn der erste Mitspieler keine Karten mehr hat. Gewonnen hat der Spieler mit den meisten Karten.

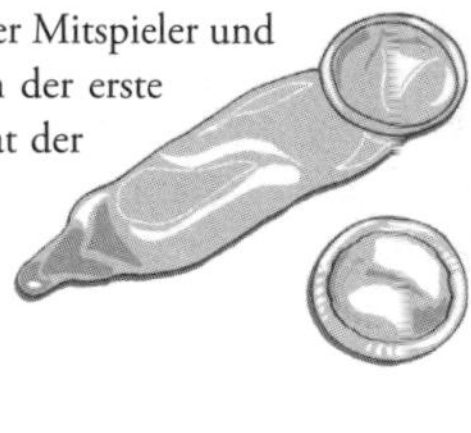

1A Rilaco Golden Love

Länge . . . . 182 mm
Breite . . . . 52 mm
Wandstärke. . . . . 0,06 mm
Farbe . . . . goldfarben
Preis . . . . 0,65 €
Oberfläche + Besonderheit. . . . .
Naturkautschuklatex, glatt, mit Vanillearoma

1B Rilaco Jeans Extra

Länge . . . . 180 bis 185 mm
Breite . . . . 52 mm
Wandstärke. . . . . 0,06 mm
Farbe . . . . transparent
Preis . . . . 0,52 €
Oberfläche + Besonderheit. . . . .
Naturkautschuklatex, anatomische Passform mit geriffelter Struktur

1C Rilaco XXL

Länge . . . . 195 mm
Breite . . . . 54 mm
Wandstärke. . . . . 0,06 mm
Farbe . . . . grün, rot, schwarz
Preis . . . . 0,65 €
Oberfläche + Besonderheit. . . . .
Naturkautschuklatex, glatt, zum Großreinkommen!

1D Rilaco Akiriko

Länge . . . . 185 mm
Breite . . . . 52 mm
Wandstärke. . . . . 0,05 mm
Farbe . . . . transparent
Preis . . . . 0,52 €
Oberfläche + Besonderheit. . . . .
Naturkautschuklatex, glatt, besonders dünn und feucht

2A Hot Rubber Vibes

Länge . . . . 180 mm
Breite . . . . 52 mm
Wandstärke. . . . . 0,06 mm
Farbe . . . . rosa
Preis . . . . 0,85 €
Oberfläche + Besonderheit. . . . .
Naturkautschuklatex, gerippt und genoppt

2B Hot Rubber Easy

Länge . . . . 200 mm
Breite . . . . 54 mm
Wandstärke. . . . . 0,06 mm
Farbe . . . . transparent
Preis . . . . 0,85 €
Oberfläche + Besonderheit. . . . .
Naturkautschuklatex, sehr groß und gut befeuchtet

2C Hot Rubber Sweet

Länge . . . . 180 mm
Breite . . . . 52 mm
Wandstärke. . . . . 0,06 mm
Farbe . . . . rot
Preis . . . . 0,85 €
Oberfläche + Besonderheit. . . . .
Naturkautschuklatex, glatt, mit Erdbeeraroma

2D Hot Rubber Black

Länge . . . . 180 bis 185 mm
Breite . . . . 52 mm
Wandstärke. . . . . 0,06 mm
Farbe . . . . schwarz
Preis . . . . 0,85 €
Oberfläche + Besonderheit. . . . .
Naturkautschuklatex, glatt – das kleine Schwarze!

3A Ritex RR1

Länge	170 mm
Breite	57 mm
Wandstärke	0,06 mm
Farbe	transparent
Preis	0,54 €

Oberfläche + Besonderheit . . . .
Naturkautschuklatex, glatt, mit gefühlsaktivem Gleitfilm

3B Ritex XXL

Länge	190 mm
Breite	55 mm
Wandstärke	0,06 mm
Farbe	rosé
Preis	0,54 €

Oberfläche + Besonderheit . . . .
Naturkautschuklatex, glatt, extra-groß und hochelastisch

3C Ritex Eddi Croco

Länge	175 mm
Breite	53 mm
Wandstärke	0,07 mm
Farbe	frech-grün
Preis	0,54 €

Oberfläche + Besonderheit . . . .
Naturkautschuklatex, mit gefühlsintensiven Prickelnoppen für feine Stimulation

3D Ritex Colorado

Länge	170 mm
Breite	52 mm
Wandstärke	0,07 mm
Farbe	bunt
Preis	0,54 €

Oberfläche + Besonderheit . . . .
Naturkautschuklatex, glatt und feucht

4 A Durex Avanti

Länge . . . . 180 mm
Breite . . . . 64 mm
Wandstärke. . . . . 0,04 mm
Farbe . . . . transparent
Preis . . . . 2,79 €
Oberfläche + Besonderheit. . . . .
Polyurethan, glatt, garantiert latexfrei, besonders geeignet für Latex-Allergiker

4 B Durex Come 2gether

Länge . . . . 185 mm
Breite . . . . 54 mm
Wandstärke. . . . . 0,06 mm
Farbe . . . . gelb, grün, rot, orange
Preis . . . . 0,85 €
Oberfläche + Besonderheit. . . . .
Naturkautschuklatex, glatt, Aromen: Banane, Spearmint, Erdbeere, Orange, dermatol. getestet

4 C Durex Feeling

Länge . . . . 187 mm
Breite . . . . 53 mm
Wandstärke. . . . . 0,06 mm
Farbe . . . . rosé
Preis . . . . 0,99 €
Oberfläche + Besonderheit. . . . .
Naturkautschuklatex, Rippung a. d. Kondomöffnung f. mehr Gefühl a. d. richtigen Stelle!

4 D Durex King Size

Länge . . . . 215 mm
Breite . . . . 57 mm
Wandstärke. . . . . 0,06 mm
Farbe . . . . transparent
Preis . . . . 1,19 €
Oberfläche + Besonderheit. . . . .
Naturkautschuklatex, glatt, extra lang und extra breit

5A RFSU Okeido

Länge . . . . 190 mm
Breite . . . . 53 mm
Wandstärke. . . . . 0,07 mm
Farbe . . . . .transparent
Preis . . . . .0,70 €
Oberfläche + Besonderheit. . . . .
Naturkautschuklatex, glatt, länger und größer

5B RFSU Nam Nam

Länge . . . . 185 mm
Breite . . . . 52 mm
Wandstärke. . . . . 0,06 mm
Farbe . . . . .transparent
Preis . . . . .0,70 €
Oberfläche + Besonderheit. . . . .
Naturkautschuklatex, glatt, an der Kranzfurche verengt, Erdbeerduft

5C RFSU Mamba

Länge . . . . 175 mm
Breite . . . . 52 mm
Wandstärke. . . . . 0,06 mm
Farbe . . . . gelb
Preis . . . . .0,70 €
Oberfläche + Besonderheit. . . . .
Naturkautschuklatex, glatt, das engere Kondom

5D RFSU Zenith

Länge . . . . 190 mm
Breite . . . . 58 mm
Wandstärke. . . . . 0,035 mm
Farbe . . . . .transparent
Preis . . . . .3,19 €
Oberfläche + Besonderheit. . . . .
Polyurethan, glatt, besonders geeignet für Latexallergiker

6A Secura Heavy Rubber

Länge . . . . 180 bis 185 mm
Breite . . . . 52 mm
Wandstärke. . . . . 0,1 mm
Farbe . . . . .transparent
Preis . . . . 0,98 €
Oberfläche + Besonderheit. . . . .
Naturkautschuklatex, glatt, extra stabil

6B Secura Blue Fantasy

Länge . . . . 183 mm
Breite . . . . 52 mm
Wandstärke. . . . . 0,06 mm
Farbe . . . . gelb, orange, rot
Preis . . . . 0,82 €
Oberfläche + Besonderheit. . . . .
Naturkautschuklatex, glatt, in den Aromen Banane, Orange, Birne, rote Johannisbeere, Stachelbeere – machen Sie mal blau!

6C Secura Touché

Länge . . . . 180 mm
Breite . . . . 52 mm
Wandstärke. . . . . 0,06 mm
Farbe . . . . .transparent
Preis . . . . 1,32 €
Oberfläche + Besonderheit. . . . .
Naturkautschuklatex, genoppt und gerillt – spüren und genießen!

6D Secura Japan Rubber

Länge . . . . 170 mm
Breite . . . . 52 mm
Wandstärke. . . . . 0,05 mm
Farbe . . . . .transparent
Preis . . . . 0,32 €
Oberfläche + Besonderheit. . . . .
Naturkautschuklatex, sitzt schön eng und reizt sie mit Lustrillen

7A Amor Unfallfrei!

Länge	185 mm
Breite	52 mm
Wandstärke	0,06 mm
Farbe	transparent
Preis	2,95 €

Oberfläche + Besonderheit

Naturkautschuklatex, glatt, inkl. Alkoholtester: So kommen Sie sicher durch die Nacht!

7B Vibradom

Länge	210 mm
Breite	52 mm
Wandstärke	0,06 mm
Farbe	schwarz
Preis	9,25 €

Oberfläche + Besonderheit

Naturkautschuklatex, mit eingebautem Minivibrator, der sie und ihn stimuliert: 45 Minuten aktiv!

7C Manix Infini

Länge	183 mm
Breite	52 mm
Wandstärke	0,02 mm
Farbe	rosa
Preis	1,25 €

Oberfläche + Besonderheit

Naturkautschuklatex, glatt, mehr Platz, dünner geht's nimmer!

7D Life Styles Xtra Pleasure

Länge	180 bis 185 mm
Breite	52 bis 73 mm
Wandstärke	0,07 mm
Farbe	transparent
Preis	0,66 €

Oberfläche + Besonderheit

Naturkautschuklatex, glatt, extra-großer Kopf für mehr Freiraum!

8A Durex Pleasuremax

Länge . . . . 195 mm
Breite . . . . 54 bis 56 mm
Wandstärke. . . . . 0,06 mm
Farbe . . . . .transparent
Preis . . . . .0,99 €
Oberfläche + Besonderheit. . . . .
Naturkautschuklatex, genoppt und gerillt für ihren Lustgewinn, Easy-on Passform

8B Fromms rosé

Länge . . . . 180 mm
Breite . . . . 52 mm
Wandstärke. . . . . 0,06 mm
Farbe . . . . rosé
Preis . . . . .0,45 €
Oberfläche + Besonderheit. . . . .
Naturkautschuklatex, glatt, Gleitmittel: Lycopodium-Puder, Dimeticum – schön feucht und zart für Romantiker!

8C Life Styles Endurance

Länge . . . . 180 bis 185 mm
Breite . . . . 52 mm
Wandstärke. . . . . 0,06 mm
Farbe . . . . .transparent
Preis . . . . .1,16 €
Oberfläche + Besonderheit. . . . .
Naturkautschuklatex, glatt, lokales Anästhetikum: So kommt er nie zu früh!

8D Inspiral

Länge . . . . 190 mm
Breite . . . . 52 bis 58 mm
Wandstärke. . . . . 0,07 mm
Farbe . . . . .transparent
Preis . . . . .1,24 €
Oberfläche + Besonderheit. . . . .
Naturkautschuklatex, glatt, mit asymmetrischem Spiralkopf: Die Federwirkung verspricht ihr multiple Freuden!

PERVERSICO

Perversico ist eine Berliner Bezeichnung für eine große Erfindung der Stadt: Persico. Und das ist ein eigentlich selbsterklärender Name, denn auf Esperanto bedeutet „Persico" Pfirsich; also: Ein Likör aus Pfirsichkernen.

Lange Zeit wegen des Blausäuregehalts verboten, wird er jetzt von einer kleinen Destillerie wieder hergestellt: Verfeinert mit Pfirsichblütendestillat, Sandelholz, Rosen- und Nelkenöl kann der „Perversico" sogar als respektables Edelgesöff gelten. Er ist immer noch bestens geeignet, um potentielle Sexualpartner selbst unbeholfenen Avancen gegenüber zugänglich zu machen. Und er schmeckt sogar.

Ohne Destillation und nicht ganz so fein erhält man Persico auf folgende Weise:

700 Gramm ganz frische Pfirsichkerne oder eine Mischung aus Pfirsich- und Aprikosenkernen in lauwarmes Wasser geben, schälen, zerstampfen und mit 4 g Zimt und 4 Litern Branntwein in einen Steintopf geben und abgedeckt 3 bis 4 Wochen ziehen lassen. Schließlich 1 Kilo Zucker in 1 Liter Wasser auflösen, den Branntwein filtern und ihn dann mit dem Zuckerwasser vermischen. Anschließend den Likör nochmals filtrieren und in Flaschen abfüllen.

Aber wie gesagt: Hierbei entsteht Blausäure, und die setzt – in größeren Mengen genossen – jedem Liebesleben ein abruptes Ende. Vielleicht doch lieber im Laden kaufen: Aber natürlich nicht aus Kirsche mit Mandelaroma, wie ihn manche Hersteller anbieten: Da steht zwar Persico drauf, aber ist sicher kein Perversico drin – und darum geht's ja schließlich.

Der lexikalische Eintrag

FELLATIO

Im Lateinischen bedeutet *fellare* saugen. Zum Beispiel das Saugen des Kindes an der Mutterbrust. Aber schon bei den alten Römern hatte das Wort zugleich die erotische Nebenbedeutung: *Lutschen am Penis.*

Der historische Sex-Skandal

MARCUS ANTONIUS UND KLEOPATRA

Im vierten Jahrzehnt vor Christus ging Marcus Antonius eine feste Liaison mit der ägyptischen Herrscherin Kleopatra VII. ein. Aufgrund dieser Liebe verstieß Marc Antonius sogar seine in Rom sehr beliebte Ehefrau Octavia. Als er freilich begann Teile des römischen Reiches an seine Geliebte und die gemeinsamen Kinder zu verschenken, kam es zum Eklat: Sein innenpolitischer Gegner Oktavian präsentierte der Öffentlichkeit das angebliche Testament des Antonius, in dem er das gesamte Römische Reich Kleopatra vermachte. Der Senat erklärte Antonius zum Staatsfeind und Kleopatra den Krieg. In der Schlacht von Actium unterlagen Kleopatra und Antonius. Als Kleopatras Reize bei Oktavian keine Erfolge zeitigten, nahm sie sich durch den Biss einer Schlange das Leben. Anonius stürzte sich ins Schwert.

Wenn es zu spät mit der Verhütung ist:

DIE BELIEBTESTEN NAMEN FÜR JUNGS UND MÄDCHEN IN ÖSTERREICH, DEUTSCHLAND UND DER SCHWEIZ

ÖSTERREICH (2003)

Jungen	Mädchen
1. Lukas 4,3 %	1. Sarah 2,9 %
2. Florian 2,8 %	2. Anna 2,8 %
3. Tobias 2,5 %	3. Julia 2,5 %
4. David 2,3 %	4. Laura 2,3 %
5. Alexander 2,1 %	5. Lena 2,3 %
6. Fabian 2,1 %	6. Hannah 2,1 %
7. Michael 2,1 %	7. Lisa 2,1 %
8. Julian 2,0 %	8. Katharina 2,0 %
9. Daniel 2,0 %	9. Leonie 2,0 %
10. Simon 2,0 %	10. Vanessa 1,7 %

Quelle: Statistik Austria

DEUTSCHSPRACHIGE SCHWEIZ (2003)

Jungen	Mädchen
1. Luca 1 %	1. Lea 0,9 %
2. Joël 1 %	2. Laura 0,9 %
3. Noah 0,9 %	3. Julia 0,8 %
4. David 0,9 %	4. Sarah 0,8 %
5. Jan 0,8 %	5. Chiara 0,8 %
6. Simon 0,8 %	6. Anna 0,8 %
7. Tim 0,7 %	7. Lara 0,8 %
8. Nico 0,7 %	8. Michelle 0,7 %

Quelle: BEVNAT

Bundesrepublik Deutschland (2004)

Jungen	**Mädchen**
1. Maximilian	1. Marie
2. Alexander	2. Sophie
3. Paul	3. Maria
4. Leon	4. Anna, Anne
5. Lukas/Lucas	5. Leonie
6. Luca	6. Lea
7. Felix	7. Laura
8. Jonas	8. Lena
9. Tim	9. Katharina
10. David	10. Johanna

Quelle: Gesellschaft für deutsche Sprache

UNTERHALTSANSPRÜCHE IN TASMANIEN

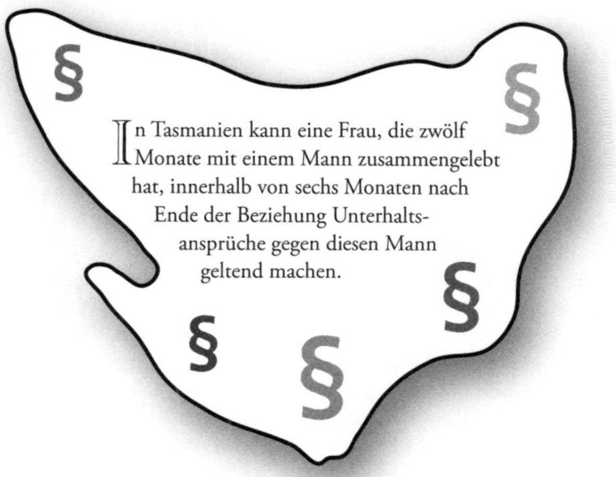

In Tasmanien kann eine Frau, die zwölf Monate mit einem Mann zusammengelebt hat, innerhalb von sechs Monaten nach Ende der Beziehung Unterhaltsansprüche gegen diesen Mann geltend machen.

Prof. Habermehls wissenschaftlicher Exkurs VII, 2

WAS HÄLT UNS ZUSAMMEN ODER WAS IST EIGENTLICH LIEBE -

Ein besonderes Licht auf die Entstehungsbedingungen von Liebe wirft die Tatsache, dass manche Menschen sich für ihre Liebe aufopfern. Bei der üblichen Interpretation solcher Handlungen wird dieses Opfer auf das Objekt der Liebe bezogen. Man sagt etwa, dass jemand sich für seine Familie aufopfert, für die Armen, für sein Vaterland und dergleichen.

Man muss jedoch bezweifeln, dass dies der Fall ist. Als viel naheliegender erscheint es, dass nicht dem Objekt der Liebe, sondern der Liebe selbst geopfert wird. Anderenfalls wäre es nämlich schwer erklärlich, wieso Menschen um Verstorbene trauern, in einer verlorenen Schlacht bis zur letzten Kugel kämpfen oder einem Siechen Blumen ans Krankenbett stellen, die dieser gar nicht (mehr) wahrnehmen kann.

Ich vermute, dass selbst die üblichen Geschenke, die einem geliebten Menschen gemacht werden, zum Beispiel anlässlich eines Ehrentages, überwiegend eine ganz andere Zielrichtung haben als die, dem Beschenkten zu Lasten des Schenkenden eine Freude zu bereiten. Allenfalls die eventuell an ein Geschenk geknüpfte Dankbarkeit mag bisweilen das damit erbrachte Opfer unmittelbar mit dem Nutzen des Objektes der Liebe verbinden. Der Zweck des Geschenkes ist die Dankbarkeit, die Erwiderung der darin zum Ausdruck kommenden Liebe, und das zweckdienlich angesehene Mittel ist die Erzeugung von Wohlbefinden bei dem Beschenkten.

Daneben gibt es allerdings noch Opfer und Geschenke, die mit der Befindlichkeit des Objektes der Liebe überhaupt nichts zu tun haben (wie im Falle einer aufwendigen Totenfeier). Der Opfernde oder Schenkende zelebriert seine Liebe auf die eine oder andere Weise, und das Objekt seiner Liebe ist nicht viel mehr als eine Substruktion zur Plazierung seiner Gaben.

Man muss dabei nicht an das zweifellos schlagende Beispiel denken, wo ein Leichnam mit Blumen und anderen schmückenden Elementen dekoriert wird. Es genügt, sich die Frage vorzulegen, ob nicht Geschmeide und Juwelen, wenn ein Mann seine Frau damit behängt, oft vielleicht eher seinem eigenen Wohlgefallen dienen als dem der Frau – und zwar ohne Umweg über deren Reaktion auf die Kostbarkeiten, die er ihr darbringt.

Noch tiefer liegt ein Phänomen, das man als Verliebtheit in die eigenen Gefühle bezeichnen möchte. Unter anderem bei so genanntem Mitleid scheint dies häufig der Fall zu sein. Der Liebende liebt das Objekt seiner Liebe eigentlich nur insoweit, als es ihm die Möglichkeit gibt, genau die Gefühle zu entwickeln, die ihn glücklich machen, weil sie ihm beweisen, wie zärtlich und teilnahmsvoll er zu empfinden vermag.

Er möchte Hingabe empfinden, Selbstlosigkeit, humanitäre Instinkte und so weiter, und dann begegnet ihm ein demütiger Bettler und er kann, nachdem er sich dieser trostlosen Kreatur erbarmt hat, das wohlig in ihm aufsteigende Gefühl genießen, ein Herz für Notleidende zu haben.

Entsprechendes gilt für diejenigen, die beim Erklingen ihrer Nationalhymne weiche Knie und feuchte Augen bekommen. Oft genug haben sie eine durchaus feindselige Haltung zu ihrem Vaterland, weil sie sich von den Gerichten, dem Finanzamt oder der Polizei ungerecht behandelt fühlen. Aber in dem Moment, wo – zum Beispiel vor einem sportlichen Wettkampf – aus den Lautsprechern die ersten Takte der Hymne ertönen, suhlen sie sich in tränenseligem Patriotismus.

Das auslösende Moment sind unzweifelhaft die obwaltenden Umstände (die Atmosphäre im Stadion, die Musik, die Anspannung in Erwartung einer großen Herausforderung und so weiter). Aber die Reaktion ist doch ganz selbstbezogen. Sie rührt her von der durch die Umstände bedingten Annahme der eigenen Bedeutsamkeit. Die Sportler empfinden sich als Helden und bewundern in diesem Moment nur sich selbst, insbesondere ihre eigene Rührung. Der Stolz des Moments ist eine Hommage an den Gedanken, zu selbstlosen Gefühlen fähig zu sein.

Ganz allgemein scheint Liebe gedanklich eng mit Selbstlosigkeit verknüpft zu werden. Darauf deutet unter anderem die – wenn auch eingeschränkte – Akzeptanz von Liebe als Entschuldigung für allfällige Verfehlungen hin. Selbst eine abscheuliche Gewalttat wird mit größerer Nachsicht betrachtet, wenn Liebe das Motiv ist und nicht etwa „schnödes“ Gewinnstreben oder „animalische“ Lust.

LIEBE AM WOCHENENDE

Obwohl das Wochenende fast 29 % einer Kalenderwoche einnimmt und obwohl das deutsche Durchschnittspaar nie mehr Zeit für einander hat als am Sonnabend und Sonntag, finden an diesen beiden Tagen nur 15 % ihrer Sexualität statt. Wissenschaftler führen das insbesondere auf den sogenannten Sonntagsfrust zurück. Tatsache ist: Die Deutschen nehmen sich von sonnabends 0 Uhr bis sonntags Mitternacht gerade mal 18 Minuten Zeit für die Liebe. Fürs Fernsehen dagegen 9 Stunden und 47 Minuten.

DIE TOP 5 DER SEXIEST FERNSEHMODERATOREN

1. **Ulrich Wickert**
2. Claus Kleber
3. Hans-Joachim Kulenkampff
4. Jörg Pilawa
5. Stefan Raab

DIE TOP 5 DER SEXIEST FERNSEHMODERATORINNEN

1. **Nora Tschirner**
2. Silke Böschen
3. Anne Will
4. Michelle Hunziker
5. Laura Dünnwald

Der lexikalische Eintrag

LIEBESKUGELN

Liebeskugeln sind ein Sexspielzeug aus dem Fernen Osten. Die genaue Herkunft, ob aus Japan, Korea oder China, ist nicht geklärt. Es handelt sich um Hohlkugeln, die ursprünglich meistens aus Edelholz oder Elfenbein gefertigt waren, heute meistens aus Kunststoff hergestellt werden. Sie enthalten ihrerseits kleinere Kügelchen. Trägt man die Liebeskugeln in der Scheide, werden durch die darin herumrollenden Kügelchen stimulierende Empfindungen hervorgerufen, die sogar einen Orgasmus auslösen können.

FRAUEN ÜBER 40

Wie alt ist die Frau, mit der Sie am liebsten …

ins Konzert gehen würden?
30 . . . . 32 %
40 . . . . 41 %
50 . . . . 27 %

eine Nacht verbringen würden?
30 . . . . 47 %
40 . . . . 36 %
50 . . . . 17 %

Wie alt ist die Frau, …

die Sie als Vorgesetzte akzeptieren könnten?
30 . . . . 15 %
40 . . . . 48 %
50 . . . . 37 %

die Sie bei Konflikten in der Partnerschaft um Rat fragen würden?
30 . . . . 5 %
40 . . . . 57 %
50 . . . . 38 %

der Sie Ihr Kind anvertrauen würden?
30 . . . . 28 %
40 . . . . 42 %
50 . . . . 30 %

der Sie zutrauen, dass sie Sie toll bekocht?
30 . . . . 17 %
40 . . . . 51 %
50 . . . . 32 %

(1048 Männer zwischen 20 und 65)

BETTTYPEN

	☺	☹
Metallbett:	ideale Fesselpunkte	Wir sind hier nicht in Frankreich, wir sind nicht im Gefängnis, und es ist selten so heiß, dass einen kühles Metall anmacht.
Wasserbett:	schwappt im Rhythmus	schwappt im Rhythmus

Hochbett:	cool, weil irgendwie jung geblieben	uncool, wenn man betrunken runterfällt, nicht mehr hoch- oder runterkommt, weil man doch nicht mehr so jung ist, und generell uncool bei niedrigen Decken.
Etagenbett:	Das Boot, Jugendzimmerrevival, eigentlich nur Platz für einen pro Bett	eigentlich nur Platz für einen pro Bett
Französisches Bett:	innige Nähe, spart Platz	Arme im Gesicht, Territoriumskämpfe, wir sind hier nicht in Frankreich.
Ehebett:	man kann quer schlafen, viel Platz für Kuscheltiere	Ehemann oder -frau stört auf der anderen Seite
Feldbett:	Campingplatzliege, Reduzierung auf das Wesentliche und damit schon fast japanisch	Welche Frau möchte im Feldbett Sex haben?
Futon:	wirklich japanisch	wirklich hart
Himmelbett:	romantisch, kitschig, schön	romantisch, kitschig, schön
Krankenbett:	Krankenschwestern, coole Klapp- und Kippfunktionen	bereits auf halbem Weg zu …
Totenbett:	(-)	jetzt ist Schluss mit Sex

Der lexikalische Eintrag

GARRULITAS VAGINAE

Lateinische Bezeichnung für Geräusche, die beim Coitus entstehen können, wenn durch die Bewegung des Penis Luft aus der Scheide gepresst wird. Im Volksmund auch Scheidenfurz genannt.

DIE ZEHN SICHERSTEN LIEBESTÖTER

① Socken im Bett
② Mundgeruch
③ Schiesser-Feinripp
④ schreiende Kinder
⑤ Mitbewohner, die sich die Playstation ausborgen wollen
⑥ Krümel im Bett
⑦ Routine
⑧ Schweißfüße
⑨ Handyklingeln und SMS-Töne
⑩ dummes Gequatsche

WER HÄTTE DAS GEDACHT

51 %
der weiblichen
CDU-Anhänger
empfinden den Anblick eines
steifen Penis
als verlockend.

Der lexikalische Eintrag

MISOGYNIE

Von griechisch *μίσος* = Hass, *γῦνή* = Frau. Frauenhass, Frauenverachtung. Durch den deutschen Soziologen Georg Simmel popularisierte Bezeichnung einer frauenfeindlichen Einstellung, die Frauen generell einen schlechten Charakter, Heimtücke, Dummheit, Eigensucht, Unzuverlässigkeit usw. unterstellt.

HELL WIE DER LICHTE TAG

Siebenunddreißig Prozent der deutschen Elektriker machen Sex am liebsten bei Festbeleuchtung und lassen den Strom reichlich fließen. Mehr als doppelt so oft wie der bundesdeutsche Männerdurchschnitt. Der bevorzugt nämlich immer noch Sex bei Kerzenschummerlicht oder gar ganz im Dunkeln. Die Elektriker dagegen wollen auch sehen, was sie treiben und rücken die Szene deshalb ins rechte Licht.

LOLITA

Fast alle Mädchen reizt es manchmal, erwachsene Männer sexuell herauszufordern. Manchen genügt es allerdings nicht, die Aufmerksamkeit der Männer auf sich zu ziehen. Sie lassen sich auch körperlich mit ihnen ein. Aber meistens nicht aus Liebe, sondern aus Lust an dem Erlebnis der unstillbaren Begierde des Mannes. Dann werden sie nach der berühmten Romanfigur des russisch-amerikanischen Schriftstellers Vladimir Nabokov als Lolitas bezeichnet. Nabokov schildert in seinem Roman von 1955 die hoffnungslose Liebe eines reifen Mannes namens Humbert Humbert zu der minderjährigen Titelheldin Lolita. Heute bezeichnet man jede Beziehung älterer Männer zu sehr jungen Frauen und speziell zu Minderjährigen als Lolita-Beziehung.

VERZAHNUNG VON BADEZIMMER UND SCHLAFZIMMER IN DER WEIMARER REPUBLIK, TYPISCHE BEISPIELE

Was das Großbürgertum sich schon immer leisten konnte, die Trennung von Wohn- und Intimbereich, war für die große Mehrheit der städtischen Bewohner Anfang des 20. Jahrhunderts ein großer Luxus. Wohnküche und manchmal auch die Wohn- und Schlafküche waren weit verbreitete Phänomene. Mit Beginn des staatlich oder kommunal betriebenen sozialen Wohnungsbaus in der Weimarer Republik begannen nun aber feinsinnige Architekten – oder besser gesagt: Wohningenieure –, die Wohnung und mit ihr das Leben der Bewohner radikal umzugestalten. Mit einer durchdachten Einteilung des Grundrisses gelang es, einen Wohn- und einen funktional möglichst vollkommen davon entkoppelten Intim- oder Schlafbereich zu schaffen.

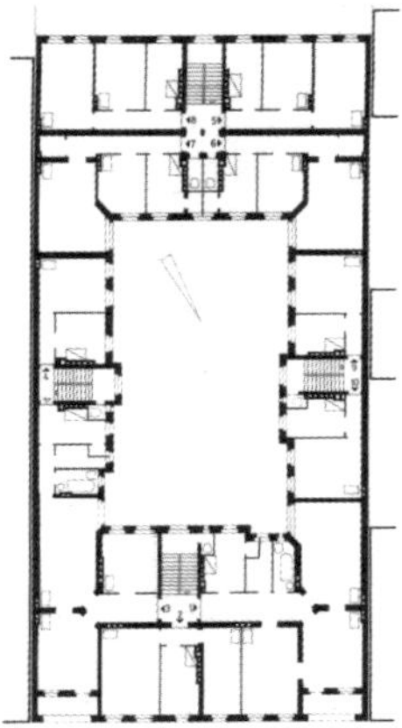

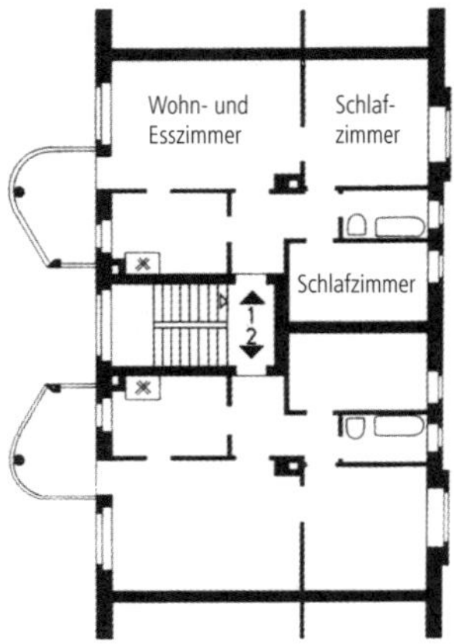

Und wie immer, wenn Künstler – und nichts anderes waren die meisten Architekten der Weimarer Republik trotz ihrer Ambitionen auf den Ingenieurstitel – eine Schule bilden, gibt es eine Gegenbewegung dazu. Otto Haesler schuf die Kabinenwohnung, in der aus sozialrevolutionären

Gründen jeder Schlafraum nur direkt durch den Wohnraum zugänglich war. Die Bewohner standen also unter gegenseitiger Kontrolle: Abends unbemerkt von den Eltern den Freund aufs Zimmer schmuggeln: Fehlanzeige.

Nur im funktional auch darauf festgelegten Elternschlafzimmer gab es die Möglichkeit, ein Doppelbett aufzustellen. Andere Lebensformen als die Ehe mit mehreren Kindern waren in dieser Wohnung freilich nicht möglich – hier endete um 1930 bereits die Vorstellungskraft selbst des revolutionär denkenden Architekten.

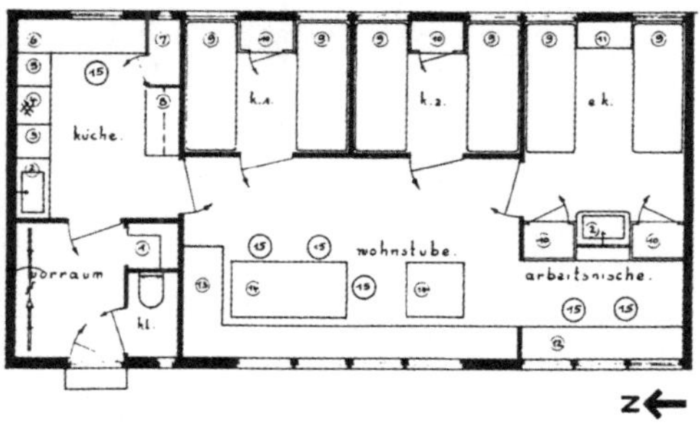

Es gab aber auch wirklich skurrile Beiträge zur Grundrissdebatte:

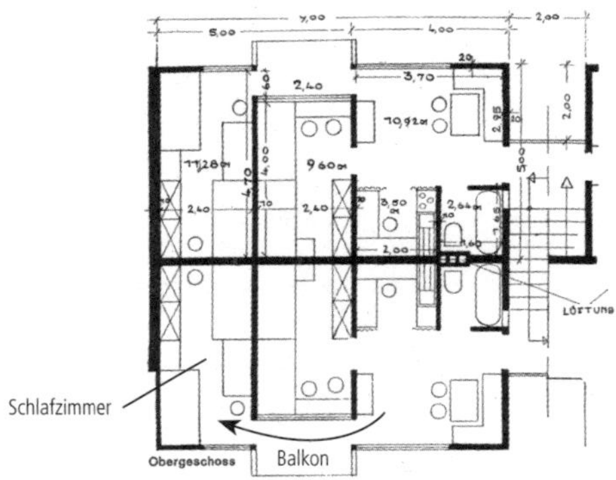

In diesem Wettbewerbsbeitrag aus dem Jahre 1932 war das Schlafzimmer nur über den Balkon zugänglich. Eine grandiose Idee nur für den, der hartgesotten oder exhibitionistisch veranlagt ist. Aber auch folgende Wohnung dürfte – wenn sie denn gebaut worden wäre – ihre Tücken spätestens beim romantischen Bad zu zweit gezeigt haben.

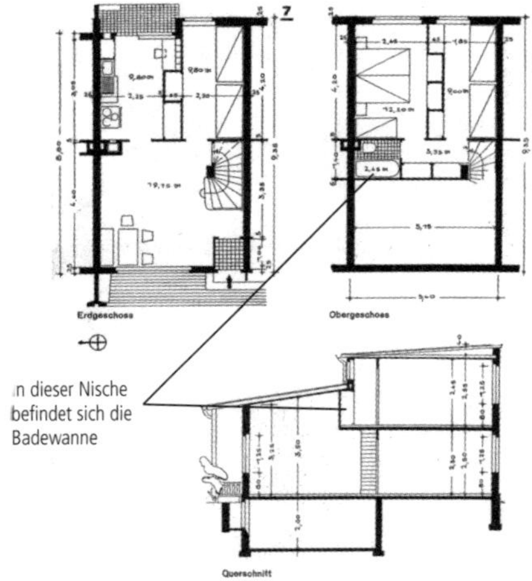

Was im Grundriss noch gar nicht auffällt, aber im Schnitt um so deutlicher wird: Die Badewanne ist hier eher ein „Badesarg"; 70 cm Einstiegsfreiheit über dem Beckenrand verwandeln hier erotische Gelüste wohl schnell in unfreiwillige Lachnummern, Kopf- oder Kreuzschmerzen. Unter erotischen Gesichtspunkten eher nicht zu empfehlen.

Übrigens: für den innerfamiliären Voyeur waren all diese Entwicklungen, die letztlich in die Wohnschachteln der 60er- und 70er-Jahre-Neubaublocks mündeten, natürlich ein Rückschritt: Nichts geht da über die Wohn- und Schlafküchen der Arbeiterquartiere im ausgehenden 19. Jahrhundert …

Der lexikalische Eintrag

KEUSCHHEITSGÜRTEL

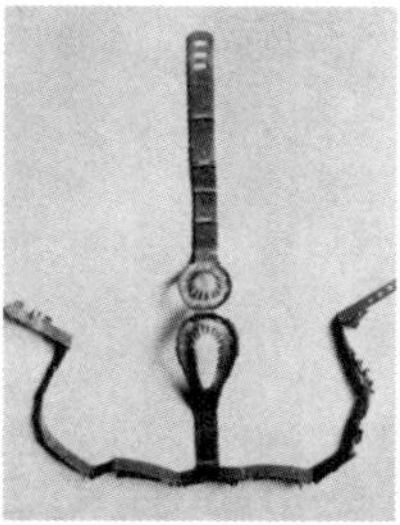

Mit einem Schloss bewehrter Gürtel, der die genitale Betätigung von Frauen verhindern soll. Die wenigen authentischen Exemplare aus dem 15. und 16. Jahrhundert erinnern von ihrer Form her an moderne String-Tangas, sind jedoch aus Metall gefertigt. Ob Keuschheitsgürtel jemals in größerem Umfang benutzt wurden, ist zweifelhaft. Sex-Shops bieten sie seit Ende der 80er Jahre als Sex-Spielzeug an.

FRAUENTYPEN

Frauen, die sich nehmen, was sie wollen, …

schüchtern mich ein	7 %
finde ich mitreißend	12 %
sind gleichwertige Partner	10 %
sind wenig verlässlich	73 %

Frauen, die ihre Reize sehr bewusst einsetzen, …

sind emanzipiert, und das ist okay	14 %
sind leicht zu haben	30 %
haben kein Selbstbewusstsein	8 %
machen es sich viel zu leicht	51 %

Frauen, die sich unnahbar geben, …

machen mich neugierig	26 %
wollen in Ruhe gelassen werden	25 %
wollen erobert werden	9 %
sind anstrengend	48 %

Frauen, die wie gute Freunde sind, ...

wirken oft zu männlich	11 %
werden schnell langweilig	5 %
geben mir Sicherheit	27 %
bieten viel mehr als nur Sex	59 %

Was ist am ehesten Ihr Typ?

Frauen, die sich nehmen, was sie wollen	6 %
Frauen, die ihre Reize sehr bewusst einsetzen	13 %
Frauen, die sich unnahbar geben	24 %
Frauen, die wie gute Freunde sind	57 %

(Befragt wurden 1046 Männer zwischen 18 und 50.)

CYBERSEX

Eine Utopie der achtziger und neunziger Jahre war es, die Sexualität könne irgendwann nicht mehr des realen Körpers bedürfen, sondern würde ein neues Universum im Cyberspace finden. Wenn die ursprüngliche Idee ein Maybach war, so ist die Realität doch ein Eselskarren: Die Bedeutung von Cybersex in unserer heutigen Welt neben Sex-Seiten im Internet und Online-Dating lässt sich unter einem Namen zusammenfassen: Lara Croft.

Der lexikalische Eintrag

FALLE

Falle ist ein jargonhafter Ausdruck (meistens: „Falle machen") für die von Prostituierten geübte Praxis, dem Freier einen Geschlechtsverkehr vorzugaukeln, während sie ihn in Wirklichkeit masturbieren.

SEX, STRESS UND FRAUEN IN DEUTSCHLAND

Befragt wurden 1022 deutsche Frauen zwischen 20 und 65:

	Alter			Gesamt
	20–35	**36–50**	**51–65**	
Wie reagieren Sie, wenn Ihr Partner Stress aus dem Job mit nach Hause bringt?				
Ich spreche mit ihm darüber.	98 %	96 %	95 %	96 %
Ich streite mich mehr mit meinem Partner.	44 %	43 %	41 %	43 %
Ich ziehe mich mehr zurück.	49 %	52 %	58 %	53 %
Ich bin generell aggressiver, launischer.	13 %	11 %	6 %	10 %
Ich bin traurig, melancholisch.	21 %	17 %	9 %	16 %
Ich habe weniger Lust auf Sex.	85 %	87 %	91 %	88 %
Ich habe mehr Lust auf Sex.	0 %	0 %	0 %	0 %
Nichts davon	0 %	1 %	0 %	0 %
Wie gehen Sie damit um?				
Ich nehme mich zurück und gehe verstärkt auf ihn ein.	83 %	76 %	66 %	75 %
Ich probiere, ihn auf andere Gedanken zu bringen.	87 %	84 %	78 %	83 %
Ich schlage einen Urlaub vor.	12 %	8 %	5 %	8 %

Ich versuche, die Ursachen zu verstehen.				
	92 %	89 %	90 %	90 %
Ich habe auch Stress, der soll sich nicht so anstellen.				
	1 %	4 %	4 %	3 %
Ich konzentriere mich mehr auf mich, meine Arbeit.				
	26 %	30 %	39 %	32 %
Ich konzentriere mich mehr auf die Familie/Kinder/Freunde.				
	34 %	41 %	43 %	39 %
Ich suche verstärkt körperliche Nähe/Sex.				
	0 %	0 %	0 %	0 %
Nichts davon				
	0 %	0 %	0 %	0 %

Wie fühlen Sie sich, wenn Ihr Partner keine Lust auf Sex hat/nicht kann?

Das nagt an meinem Selbstwertgefühl.				
	65 %	57 %	52 %	58 %
Ich glaube, er liebt mich nicht mehr.				
	70 %	63 %	54 %	62 %
Ich mache ihm Vorwürfe.				
	8 %	14 %	9 %	10 %
Ich habe Angst, er könnte eine Neue haben.				
	46 %	49 %	40 %	45 %
Ich kann das nicht verstehen.				
	73 %	69 %	58 %	67 %
Ich frage mich, was los ist und was man machen kann.				
	75 %	80 %	63 %	73 %
Befreit: Sex hat mich nie interessiert.				
	6 %	5 %	8 %	6 %
Nichts davon				
	4 %	9 %	7 %	7 %

Was machen Sie, um wieder Schwung in Ihr Sexualleben zu bekommen?

Ich kleide und gebe mich besonders attraktiv, um ihn anzustacheln.

31 %	48 %	53 %	44 %

Ich besorge einen erotischen Film, erotische Literatur.

2 %	5 %	2 %	3 %

Ich flirte mit anderen Männern und mache ihn eifersüchtig.

23 %	27 %	26 %	25 %

Ich schlage ihm einen Arztbesuch vor.

18 %	25 %	29 %	24 %

Nach spätestens fünf Jahren kennt man sich in- und auswendig, da ist Sex Nebensache.

19 %	16 %	25 %	20 %

Ich suche mir einen Liebhaber.

15 %	25 %	17 %	19 %

Nichts davon

5 %	4 %	4 %	4 %

Wie würden Sie es finden, wenn Ihr Partner ein Potenzmittel nimmt?

Wäre neugierig, das mal auszuprobieren.

12 %	19 %	17 %	16 %

Nimmt mein Partner bereits, finde ich klasse.

2 %	5 %	3 %	3 %

Hat er ausprobiert, fand ich nicht gut.

4 %	10 %	14 %	9 %

Ich sollte ihm ausreichen.

76 %	71 %	68 %	72 %

Brauche ich noch mehr Informationen drüber.

38 %	45 %	40 %	41 %

KUSSARTEN

Der Zungenkuss

Das altbekannte Zunge-in-den-Hals-Stecken kann von der professionellen Verführerin und dem ausgebufften Verführer erheblich verfeinert werden; lutschen, saugen, Zahnreihen mit der Zunge säubern – alles erlaubt. Sorgsam gestaltet führt er geradewegs ins Bett.

Der besitzanzeigende Knutschfleckkuss

Kräftiges Saugen an zarten Körperstellen (vorzugsweise am Hals) wirkt Wunder: Nur selten beruht dieser Kuss auf echter Zuneigung; er dient eher der Markierung des Reviers.

Der Eskimokuss

Als Zeichen der Zuneigung werden Nasen (oder auch Wangen) aneinander gerieben; die Schriftstellerin Kirsten Fuchs meint, das diene dazu, einzuatmen, was der andere ausatmet. Sehr gut: In der Arktis gibt es keinen Döner mit extra-viel Zwiebeln.

Auch in Astrid Lindgrens Pippi Langstrumpf-Romanen kommt es zu Eskimoküssen zwischen der Protagonistin und ihrem Vater Efraim Langstrumpf.

Der Bruderkuss

Nach 1989 etwas aus der Mode gekommen … Prominentester und profiliertester Brüderküsser: Leonid Breschnew.

Das Wangenbussi

Ursprünglich ein Zeichen der Zuneigung unter französischen Bauern; über Paris und München inzwischen auch in der deutschen Gesellschaft als Begrüßung unter Freunden und vorgeblichen Bekannten etabliert.

Der Schmetterlingskuss

Eine zarte Berührung mit dem Mund, begleitet von sachtem Ein- und Ausatmen; anzuwenden auf dem gesamten Körper des Partners.

Der Filmkuss

Bei Schauspielern beliebte Technik, unliebsamen Speichelabsonderungen des Filmpartners und seiner Zunge zu entgehen. Lippen quasi-leidenschaftlich übereinander stülpen und aneinander reiben.

Der Pferdekuss

Eine eher unschöne Begebenheit, Symptome jedoch ähnlich wie beim „besitzanzeigenden Knutschfleckkuss“ (siehe oben), nur stärker.

Der Schokokuss

Früher auch Negerkuss genannt; nun gut, zugegeben: ein schlechter Witz. Aber süß.

Couscous

Gut. Weiter.

Der lustige Fetisch, Teil V

KRÜCKENFETISCHISMUS

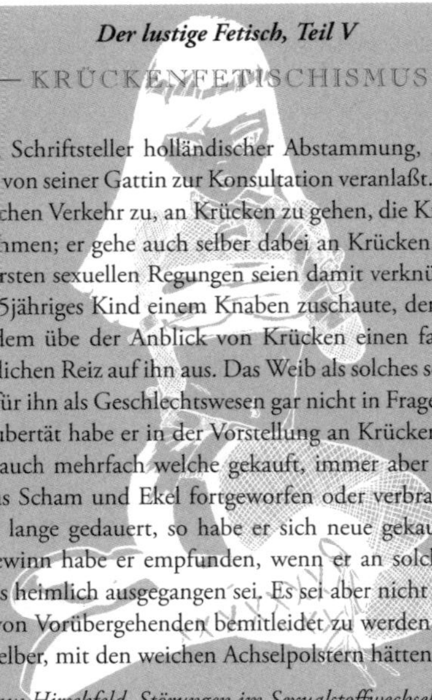

Dr. S., Schriftsteller holländischer Abstammung, 30 Jahre alt, wird von seiner Gattin zur Konsultation veranlaßt. Er mutet ihr beim ehelichen Verkehr zu, an Krücken zu gehen, die Krücke mit ins Bett zu nehmen; er gehe auch selber dabei an Krücken. Patient gibt an, seine ersten sexuellen Regungen seien damit verknüpft gewesen, daß er als 5jähriges Kind einem Knaben zuschaute, der an Krücken ging. Seitdem übe der Anblick von Krücken einen faszinierenden geschlechtlichen Reiz auf ihn aus. Das Weib als solches sei lange Jahre hindurch für ihn als Geschlechtswesen gar nicht in Frage gekommen. Seit der Pubertät habe er in der Vorstellung an Krücken geschwelgt, habe sich auch mehrfach welche gekauft, immer aber nach einiger Zeit sie aus Scham und Ekel fortgeworfen oder verbrannt. Es habe aber nicht lange gedauert, so habe er sich neue gekauft. Besonderen Lustgewinn habe er empfunden, wenn er an solchen Krücken des Abends heimlich ausgegangen sei. Es sei aber nicht der Gedanke gewesen, von Vorübergehenden bemitleidet zu werden, sondern die Krücken selber, mit den weichen Achselpolstern hätten ihn erregt.“

Aus: Magnus Hirschfeld, Störungen im Sexualstoffwechsel, Bonn 1920.

Der lexikalische Eintrag

PASCHA

Paschas waren ursprünglich hohe Würdenträger des Osmanischen Reiches. Wo sie auftraten, hatte jeder zu gehorchen und ihnen nach Möglichkeit alle Wünsche von den Lippen abzulesen – vor allem in der Öffentlichkeit, aber natürlich auch zu Hause. 1953 wurde der Titel endgültig abgeschafft. Man hat die Bezeichnung Pascha aber im ironischen Kontext für kleine egoistische Haus- und Betttyrannen beibehalten.

SEX, STRESS UND FRAUEN IN ÖSTERREICH

Befragt wurden 1045 österreichische Frauen zwischen 20 und 65:

	Alter 20–35	36–50	51–65	Gesamt
Wie reagieren Sie, wenn Ihr Partner Stress aus dem Job mit nach Hause bringt?				
Ich spreche mit ihm darüber.	95 %	93 %	92 %	93 %
Ich streite mich mehr mit meinem Partner.	40 %	38 %	35 %	38 %
Ich ziehe mich mehr zurück.	53 %	56 %	59 %	56 %
Ich bin generell aggressiver, launischer.	17 %	14 %	9 %	13 %
Ich bin traurig, melancholisch.	19 %	18 %	11 %	16 %
Ich habe weniger Lust auf Sex.	81 %	82 %	85 %	83 %
Ich habe mehr Lust auf Sex.	0 %	0 %	0 %	0 %
Nichts davon	2 %	0 %	1 %	1 %
Wie gehen Sie damit um?				
Ich nehme mich zurück und gehe verstärkt auf ihn ein.	85 %	78 %	71 %	78 %
Ich probiere, ihn auf andere Gedanken zu bringen.	82 %	79 %	73 %	78 %
Ich schlage einen Urlaub vor.	15 %	11 %	10 %	12 %

Ich versuche, die Ursachen zu verstehen.

88 %	80 %	79 %	82 %

Ich habe auch Stress, der soll sich nicht so anstellen.

2 %	5 %	4 %	4 %

Ich konzentriere mich mehr auf mich, meine Arbeit.

24 %	27 %	33 %	28 %

Ich konzentriere mich mehr auf die Familie/Kinder/Freunde.

37 %	45 %	46 %	43 %

Ich suche verstärkt körperliche Nähe/Sex.

1 %	0 %	0 %	0 %

Nichts davon

0 %	0 %	0 %	0 %

Wie fühlen Sie sich, wenn Ihr Partner keine Lust auf Sex hat/nicht kann?

Das nagt an meinem Selbstwertgefühl.

67 %	61 %	57 %	62 %

Ich glaube, er liebt mich nicht mehr.

74 %	68 %	58 %	67 %

Ich mache ihm Vorwürfe.

5 %	10 %	7 %	7 %

Ich habe Angst, er könnte eine Neue haben.

51 %	55 %	54 %	53 %

Ich kann das nicht verstehen.

70 %	65 %	62 %	66 %

Ich frage mich, was los ist und was man machen kann.

71 %	72 %	65 %	69 %

Befreit: Sex hat mich nie interessiert.

7 %	6 %	10 %	8 %

Nichts davon

2 %	4 %	3 %	3 %

Was machen Sie, um wieder Schwung in Ihr Sexualleben zu bekommen?

Ich kleide und gebe mich besonders attraktiv, um ihn anzustacheln.
39 % 52 % 58 % 50 %

Ich besorge einen erotischen Film, erotische Literatur.
3 % 4 % 7 % 5 %

Ich flirte mit anderen Männern und mache ihn eifersüchtig.
26 % 30 % 29 % 28 %

Ich schlage ihm einen Arztbesuch vor.
15 % 21 % 23 % 20 %

Nach spätestens fünf Jahren kennt man sich in- und auswendig, da ist Sex Nebensache.
14 % 11 % 19 % 15 %

Ich suche mir einen Liebhaber.
19 % 22 % 27 % 23 %

Nichts davon
3 % 4 % 3 % 3 %

Wie würden Sie es finden, wenn Ihr Partner ein Potenzmittel nimmt?

Wäre neugierig, das mal auszuprobieren.
10 % 15 % 18 % 14 %

Nimmt mein Partner bereits, finde ich klasse.
1 % 6 % 4 % 4 %

Hat er ausprobiert, fand ich nicht gut.
2 % 7 % 9 % 6 %

Ich sollte ihm ausreichen.
79 % 82 % 73 % 78 %

Brauche ich noch mehr Informationen drüber.
34 % 40 % 38 % 37 %

Der lexikalische Eintrag

KANTHARIDE

Spanische Fliege. Ein in Südeuropa beheimateter Weichkäfer, der die hochgiftige Substanz ***Kantharidin*** produziert. Kantharidin führt – peroral eingenommen – unter anderem zu ***Schädigungen der Harnwege*** und in der Folge manchmal zu (schmerzhaften) ***Dauererektionen.*** Dies hat der Spanischen Fliege den Ruf eines **Aphrodisiakums** eingetragen.

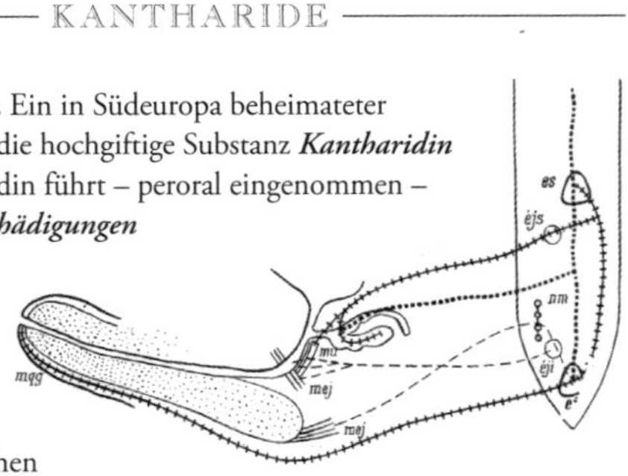

Der lexikalische Eintrag

JOHANNISTRIEB

Der aus der Landwirtschaft kommende Ausdruck bezieht sich eigentlich auf Bäume, die verspätet nochmals treiben. Ironisch wird er auch auf Männer angewendet, die in reiferen Jahren neu die Lust am Sex entdecken. Hinter der Ironie verbirgt sich allerdings meistens eine gehörige Portion Neid und Missgunst.

„BIN ICH GUT IM BETT?“

	Frauen	Männer	Gesamt
Was ist Ihrer Meinung nach ausschlaggebend für guten Sex? *(Mehrfachnennungen möglich)*			
das Aussehen	24 %	19 %	21 %
die richtige Technik	27 %	35 %	31 %
die Gefühle für den Partner	78 %	63 %	70 %
der richtige Zeitpunkt	26 %	18 %	22 %
ausreichend Erfahrung	35 %	42 %	39 %
Spezialitäten wie Dirty Talk, Sex Toys, ausgefallene Stellungen	3 %	11 %	7 %
Glauben Sie, dass man guten Sex lernen kann?			
Ja	33 %	39 %	36 %
Nein	19 %	14 %	17 %
Vielleicht	48 %	47 %	47 %
Was tun Sie dafür, um „gut im Bett“ sein? *(Mehrfachnennungen möglich)*			
Ratgeber lesen	13 %	4 %	8 %
Seminare besuchen	1 %	0 %	1 %
Meinen Partner/ meine Partnerin fragen	16 %	21 %	19 %
Für Abwechslung sorgen	25 %	30 %	28 %
Nichts davon	49 %	52 %	51 %

(Befragt wurden 1036 Frauen und Männer zwischen 21 und 45.)

Prof. Habermehls wissenschaftlicher Exkurs VIII:

WAS SPRICHT UNS AN, WAS MACHT UNS AUS?

Obwohl die Sexualität eindeutig nicht oder jedenfalls nur sehr indirekt vom Fortpflanzungszweck gesteuert ist, liegt es doch nahe, eine angeborene, sich bis zur Geschlechtsreife allmählich entfaltende Neigung zum Gegengeschlecht anzunehmen.

Männer reagieren dabei vornehmlich auf äußere und speziell optische Merkmale. Äußerlich unterscheiden sich Frauen aber von Männern, abgesehen von ihren prägnant anders gebauten Geschlechtsorganen, vor allem durch die auffällig hervortretenden Brüste, die schwächere Körperbehaarung, den kürzeren Kopf, das niedrigere Gesicht, den zarteren Knochenbau und die viel ausgeprägtere Entwicklung des Unterhautfettgewebes. Die Übergänge sind fließend. Dennoch ist erkennbar, dass insbesondere Frauen, die sich in mehreren der genannten Punkte stark dem männlichen Typus annähern, von Männern als wenig attraktiv empfunden werden. Das heißt: Es sind die charakteristischen Eigenheiten der weiblichen Körperoberfläche, die für Männer den (sexuellen) Reiz ausmachen. Daneben spielen natürlich noch andere Geschlechtsunterschiede eine Rolle. Neben der helleren weiblichen Stimme das gefühlsbetontere Erleben und die dadurch bedingte emotionalere Reaktionsweise.

Bei Frauen ist die Ansprechbarkeit durch die kennzeichnenden Körpermerkmale der Männer weniger ausgeprägt. Sie seligieren ihre Sexualpartner in erster Linie nach deren Verhalten. Zuwendung, Aufmerksamkeit, Rücksichtnahme, Verständnis, aber auch entschlossenes Auftreten, energische Selbstbehauptung und Souveränität bestimmen die Attraktivität von Männern für Frauen.

Bei homosexuellen Frauen und Männern beobachten wir in aller Regel eine Reagibilität, die sich mit dem beschriebenen Muster so weit deckt, dass man bei entsprechenden (potentiellen) Paaren meistens leicht den „männlichen" von dem „weiblichen" Partner unterscheiden kann.

Dies bereits bei der Kleidung, aber oft auch so weit gehend, dass der jeweils dem Gegengeschlecht korrespondierende Partner seinen Körper durch Kosmetik, Medikation und Chirurgie entsprechend verändert.

Da die Möglichkeiten zu geschlechtlicher Betätigung bei homosexuellen Paaren nur unwesentlich eingeschränkt sind (bei Frauen allerdings stärker als bei Männern, wodurch sich vermutlich der größere Bevölkerungsanteil männlicher Homosexueller teilweise erklärt), werfen die im Habitus jeweils dem Eigengeschlecht korrespondierenden Homosexuellen keine spezifischen Fragen auf. Sie lieben Partner, die biologisch zwar dem eigenen Geschlecht angehören, sich ansonsten jedoch äußerlich und innerlich dem Gegengeschlecht angepasst haben.

Interessant sind dagegen diejenigen Homosexuellen, die sich effeminieren oder maskulinisieren. Sie machen sich als Frauen zu Männern, als Männer zu Frauen. Dabei ist ihnen im Allgemeinen jedoch schnell anzumerken, welchen Geschlechtes sie sind. Nach kurzer Unterweisung erreichen selbst sexualwissenschaftlich nicht geschulte Probanden eine hohe Trefferquote (über 80 %), wenn sie nur 30 Minuten eine gemischte Gruppe aus Frauen und Männern beobachten, in der die Männer sich nicht lediglich einfach als Frauen verkleidet, sondern ihren Körper auch medikativ und chirurgisch verändert haben.

Bei den entsprechenden Tests habe ich Videofilme benutzt, in denen Gesprächsrunden aus Frauen und professionell in Transvestitenshows auftretende Männer zu sehen waren. Da die Männer bei den ersten Aufnahmen zu nachdrücklich als Frauen zurechtgemacht waren und dadurch besonders ins Auge stachen, habe ich schließlich nur einen Film benutzt, in dem die gesamte Aufmachung der Gruppe recht einheitlich war. Die Probanden wussten nicht, aus wie vielen Frauen und Männern die Gruppe bestand und ob überhaupt Männer dabei waren. Sie wurden lediglich gebeten, das Gespräch zu verfolgen und abschließend ein Urteil darüber abzugeben, ob und falls ja welche Mitglieder der Gruppe möglicherweise keine Frauen waren. Die Probanden sahen die Filme jeweils alleine. Außerdem war die Testanordnung so gestaltet, dass die Filme zu je einem Drittel mit Bild und Ton vorgeführt wurden, zum einem Drittel ohne Ton und zu einem weiteren Drittel ohne Ton und hinter einem mit dünner grauer Seide „verschleiertem“ Bildschirm. Die Trefferquote lag bei der Anordnung mit Bild und Ton etwas höher als bei der Anordnung ohne Ton. Zwischen der Anordnung ohne Ton und der Anordnung ohne Ton und gleichzeitiger Verschleierung ergaben sich keine signifikanten Unterschiede.

Ich erwähne diese Tests deshalb, weil ihr Ergebnis deutlich macht, dass die Übernahme einer anderen Geschlechtsrolle als künstlich imponiert. Sie ist nicht eigentlich gewachsen und entspricht auch nicht dem eigenen Charakter, sie wirkt gewollt und verrät sich im direkten Vergleich schnell als mehr oder weniger unbeholfene Kopie eines nicht naturwüchsigen Gehabes.

Ich nehme darum an, dass Homosexualität in keiner Weise genetisch verankert ist. Sie stellt vielmehr in ihrer ohnehin einzig bemerkenswerten Variante eine – wie auch immer bedingte – identifikative Adoration des Gegengeschlechts dar. Die „weiblichen" Schwulen und die „männlichen" Lesben emulieren einen Typus, dessen Merkmale sie nicht für, sondern an sich begehren.

Bei der Homosexualität geht es also streng genommen nur marginal um Sexualität. Es geht um ein von der Sexualität weitestgehend unanbhängiges Phänomen, das man als Rollenspiel bezeichnen könnte. Zwischen „weiblichen" Schwulen beziehungsweise „männlichen" Lesben und Kindern, die sich als Prinzessinnen, Piraten, Indianer oder Detektive interpretieren oder interpretiert sehen möchten, besteht nur insoweit ein Unterschied, als bei Kindern die noch unentwickelte Sexualität in das Rollenspiel kaum eingreift.

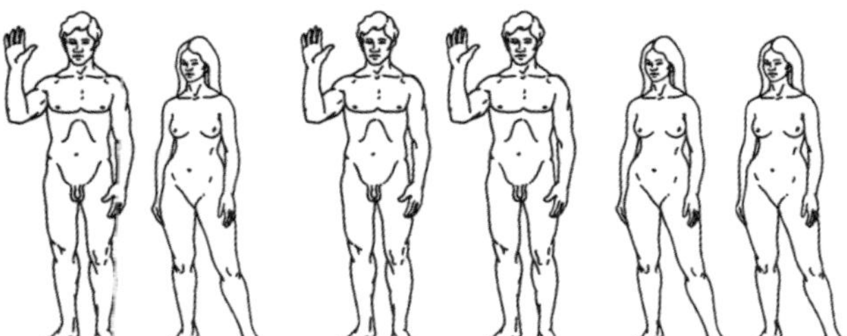

10 UNGEWÖHNLICHE PAARE

❶ Josef + Maria
❷ Ernie + Bert
❸ Jean-Paul Sartre + Simone de Beauvoir
❹ Marylin Monroe + Arthur Miller
❺ Statler + Waldorf
❻ Richard Burton + Elizabeth Taylor
❼ Calvin + Hobbes
❽ George Sand + Frederic Chopin
❾ Macbeth + Lady Macbeth
❿ Die Schöne + Das Biest

SEIENDE UND GEWESENE PAARE MIT GROSSEM ALTERSUNTERSCHIED

63 Jahre........Anna Nicole Smith und **Howard Marshall**
59 Jahre........**Maude** und Harold
> **50** Jahre ......Madame Methusalix und **Methusalix**
40 Jahre........Françoise Gilot und **Pablo Picasso**
36 Jahre........Kleopatra VII. und **Julius Caesar**
34 Jahre........Maike Richter und **Helmut Kohl**
30 Jahre........Oda Jaune und **Jörg Immendorff**
26 Jahre........Maria Furtwängler und **Hubert Burda**
25 Jahre........**Hannelore Hoger** und Siegfried Gerlich
23 Jahre........Heidi Klum und **Flavio Briatore**
15 Jahre........**Demi Moore** und Ashton Kutcher
12 Jahre........**Susan Sarandon** und Tim Robbins

Prof. Habermehls wissenschaftlicher Exkurs IX:

ALLES WIRD EINS ...

Die im Vergleich zum Mann geringere Orgasmusfähigkeit der Frau hält bei der Frau durch alle Lebensalter eine stärkere Partnerbindung aufrecht. Hinzu kommen könnte eine anlagebedingt enger an Partnerschaft gebundene Orientierung der Lebensführung. Die Zusammenhänge sind hier theoretisch plausibel, aber empirisch wenig erforscht. Das beeindruckende Gerüst soziobiologischer Systematisierungen, die sich ihrerseits an den Neodarwinismus anlehnen, lässt eine Vielzahl von Problemen zurück, die zwar nicht auf Inkonsistenzen hinweisen, aber doch hypothetische Primate der menschlichen Sexualität erkennen lassen, die sich aus dem soziobiologischen Ansatz nicht ableiten lassen, sondern ihm als Axiome hinzugefügt werden müssen.

Bei den Männern ist eine mit dem Lebensalter nachlassende Tendenz zu beobachten, auf einfache Reize zu reagieren. Diese Tendenz ist nicht stark, aber augenfällig. Die im Vergleich zu Frauen stärkere optische Reizbarkeit bleibt erhalten, nimmt teilweise sogar zu, differenziert sich aber. Sie erhält einen, wenn man so will, fetischistischen Akzent. Männer werden im Lebenslauf nicht durch Erfahrung (wie die Frauen), sondern durch Fixierung, perverser. Diese Entwicklung beginnt früh und kulminiert im fünften Lebensdezennium.

Auffällig ist schließlich, dass sich die beiden Geschlechter – bei allen aufgeführten gegensätzlichen Entwicklungen – im sexuellen Verhalten eher aneinander angleichen. Die Sexualität der jungen Männer und der jungen Frauen ist weit unterschiedlicher als die Sexualität der älteren Männer und der älteren Frauen.

FILMKÜSSE

Den ersten Kuss vor laufenden Kameras gab es 1896 in dem Film „The Kiss", ein kurzer Ausschnitt aus einem bekannten Broadway-Musical. Dass die Schauspieler John C. Rice und May Irwin sich – unglaublicherweise – sogar auf die Lippen küssten und das ganze 15 Sekunden lang, brachte dem Werk von Regisseur William Heise den Vorwurf der Pornographie ein und ließ Rufe nach Zensur für das erst wenige Jahre alte Medium laut werden.

5 berühmte Filmküsse:

Vom Winde verweht *1939* .... Vivien Leigh und Clark Gable

Verdammt in alle Ewigkeit *1953* . . .Deborah Kerr und Burt Lancaster

Manche mögen's heiß *1959* . . . . . . .Marilyn Monroe und Tony Curtis

E.T. – Der Außerirdische *1982* .... Drew Barrymore und E.T.

Spider-Man *2002* .... Kirsten Dunst und Tobey Maguire

KRANZGELD

Die gute Nachricht zuerst: Das Kranzgeld gibt es seit 1998 nicht mehr. Beim Kranzgeld handelte es sich um eine finanzielle Entschädigung für die Entjungferung einer Frau während der Verlobungszeit, wenn die versprochene Heirat danach nicht zustande kam. Der Verlust der Jungfernschaft und ihr ideeller Wert wurden aber bereits vor der Aufhebung des entsprechenden Paragraphen 1300 im Bürgerlichen Gesetzbuch im Jahre 1999 bezweifelt. Schon im Jahre 1993 war eine Klage auf Kranzgeld abgewiesen worden.

Der lexikalische Eintrag

PRIAPISMUS

Priapismus ist eine schmerzhafte und behandlungsbedürftige Dauererektion (über 2 Stunden), die durch Unfälle, Vergiftungen oder Krankheiten ausgelöst werden kann. Der Begriff leitet sich von dem griechischen Fruchtbarkeitsdämon Priapos her, dessen Erkennungsmerkmal das hoch aufgerichtete steife Glied war. An antiken Skulpturen wurde das Glied meistens übergroß dargestellt und zudem feuerrot angemalt. Priapismus ist allerdings auch eine Eissorte der Hamburger Eisdiele „Eiszeit“, bestehend aus Vanilleeis mit Butterkaramell und zerstoßenen Daimbonbons. Großartig!

DIE HÄUFIGSTEN EROTISCHEN FANTASIEN VON FRAUEN UND MÄNNERN

Fantasieren Sie manchmal …

Frauen

von Sex mit einem Fremden 47%

von Sex mit mehreren Männern 34%

von Sex mit einer Frau 8%

davon, Sklavin zu sein; einem Mann alle sexuellen Wünsche zu erfüllen 13%

von Sex mit dem Chef 15%

von Sex, bei dem andere zuschauen 6%

Männer

von Sex mit zwei (oder mehr) Frauen 76%

davon, meiner Partnerin bei der Selbstbefriedigung zuzusehen 14%

von Sex mit einem Star (Model, Schauspielerin, Sängerin) 52%

von Sex mit der Freundin Ihrer Frau oder Ihres Freundes 27%

von Sex mit einer Frau in sexy Dessous und/oder hohen Stöckelschuhen 68%

von Sex, bei dem andere zuschauen 11%

(Befragt wurden 1054 Frauen und Männer zwischen 20 und 60.)

EROTISCHE FILMERFOLGE

Eyes Wide Shut
(R: Stanley Kubrick; D: Nicole Kidman, Tom Cruise; 1999)

9 Songs
(R: Michael Winterbottom; D: Margo Stilley, Kieran O'Brien; 2004)

Deep Throat
(R: Giovanni Pistachio; D: Linda Lovelace, Harry Reems; 1972)

Die Klavierspielerin
(R: Michael Haneke; D: Isabelle Huppert, Benoit Magimel; 2002)

Die blaue Lagune
(R: Randal Kleiser; D: Brooke Shields, Christopher Atkins; 1980)

9 1/2 Wochen
(R: Adrian Lyne; D: Kim Basinger, Mickey Rourke; 1985)

Der letzte Tango in Paris
(R: Bernardo Bertolucci; D: Maria Schneider, Marlon Brando; 1972)

Basic Instinct
(R: Paul Verhoeven; D: Sharon Stone, Michael Douglas; 1992)

Als die Frauen noch Schwänze hatten
(R: Pasquale Festa Campanile; D: Senta Berger; 1970)

Der Schrei der Seide
(R: Yvon Marciano; D: Marie Trintignant, Sergio Castellitto; 1996)

Intimacy
(R: Patrice Chéreau; D: Mark Rylance, Kerry Fox; 2000)

La Grande Bouffe
(R: Marco Ferreri; D: Marcello Mastroianni; 1973)

DEUTSCHER ZWERG-PHALLUS

§ 175

Der inzwischen aufgehobene „Homosexuellen-Paragraph", der bezeichnenderweise bis 1969 auch die Unzucht mit Tieren abhandelte, existierte von 1871 bis 1994. Die Nazis verschärften den Paragraphen nochmals und erweiterten ihn. Sowohl in der Bundesrepublik als zunächst auch in der DDR existierte der § 175 weiter, in der Bundesrepublik sogar in der durch die Nazis verschärften Form: Bis zu 10 Jahre Zuchthaus standen auf den sexuellen Verkehr zwischen Männern. Aufgrund dieses Paragraphen wurden Schwule auch als 175er bezeichnet.

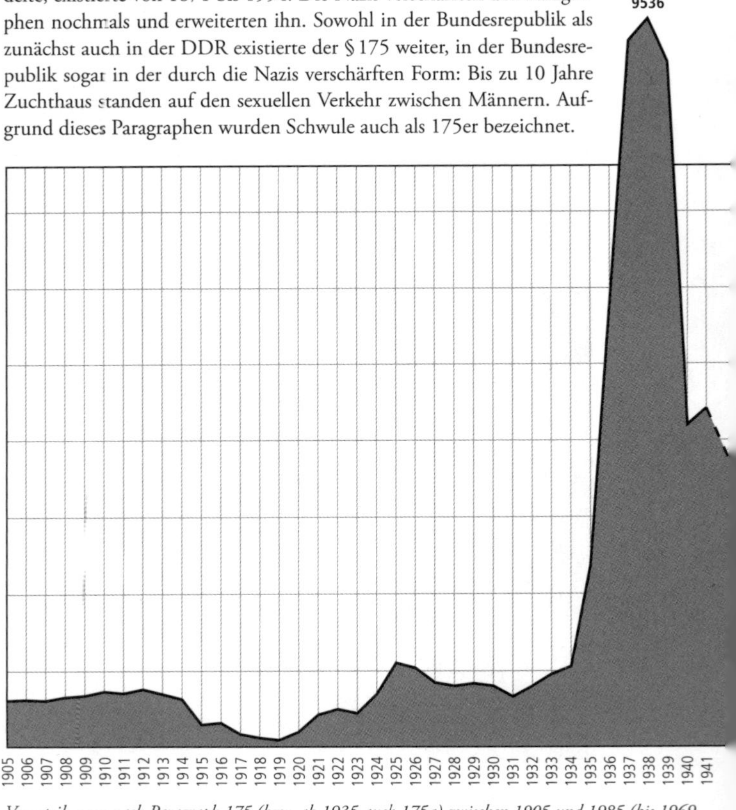

Verurteilungen nach Paragraph 175 (bzw. ab 1935 auch 175a) zwischen 1905 und 1985 (bis 1969

§ 209

Seit 2002 stehen homosexuelle Kontakte von Erwachsenen zu Minderjährigen auch in Österreich nicht mehr unter Strafe.

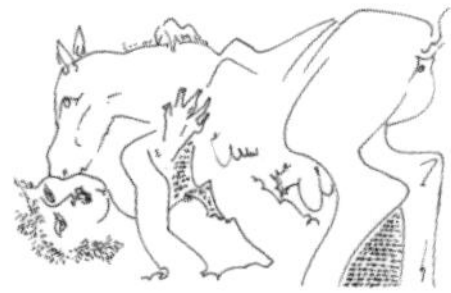

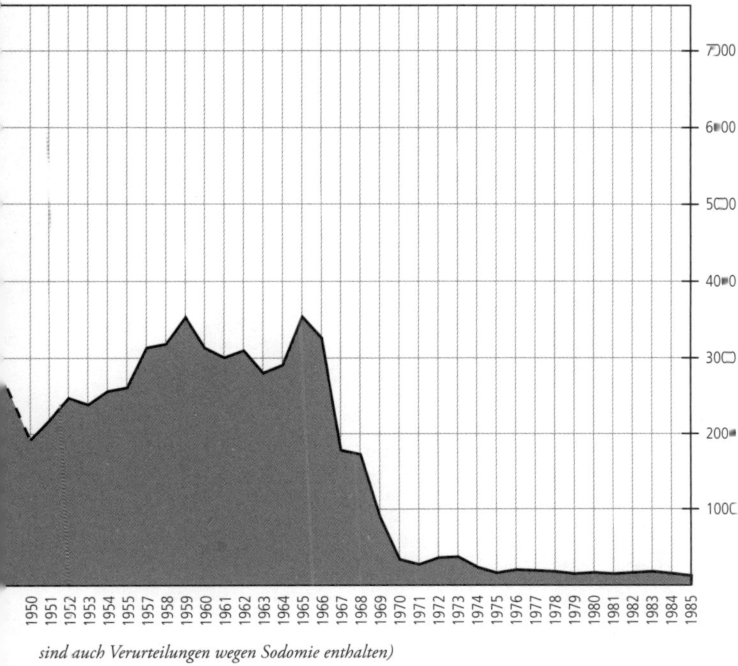

sind auch Verurteilungen wegen Sodomie enthalten)

10 COCKTAILS, — UM FRAUEN INS BETT ZU KRIEGEN —

Sex on the Beach
Alkoholgehalt 16 %

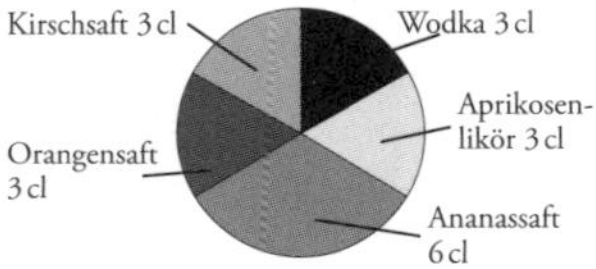

Daiquiri (Original)
Alkoholgehalt 20 %

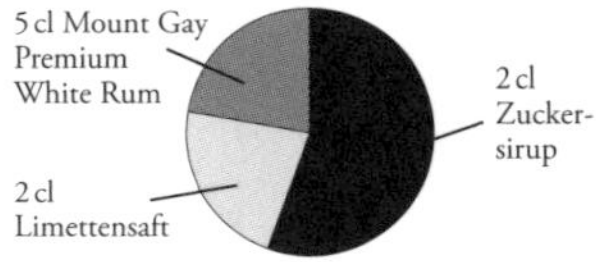

Long Island Ice Tea
Alkoholgehalt 21 %

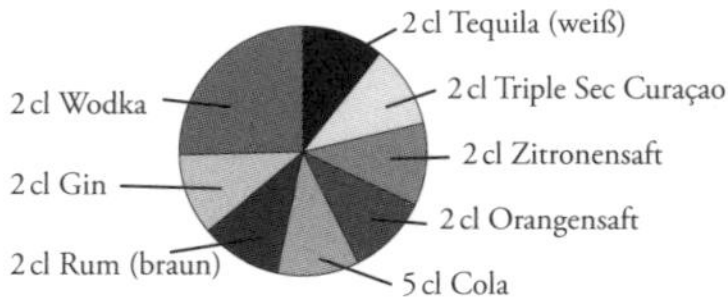

Mojito
Alkoholgehalt 12 %

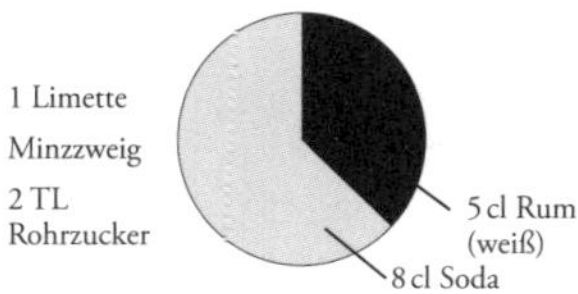

Orgasmus
Alkoholgehalt 20 %

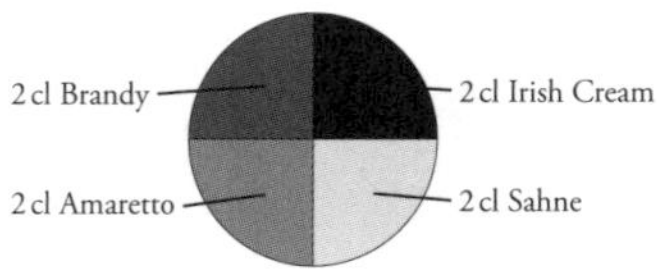

Screaming Orgasm
Alkoholgehalt 26 %

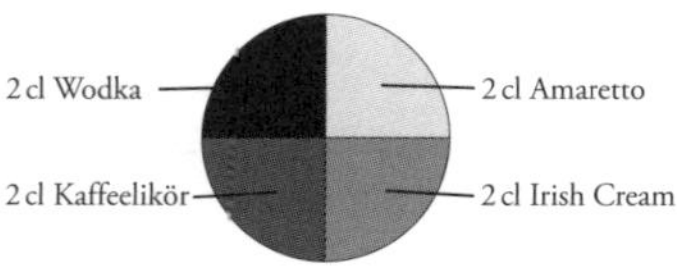

B 52
Alkoholgehalt 31 %

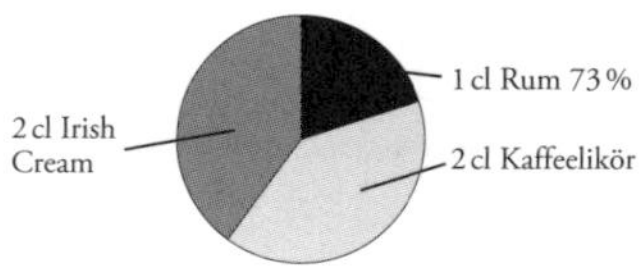

Swimming Pool
Alkoholgehalt 9 %

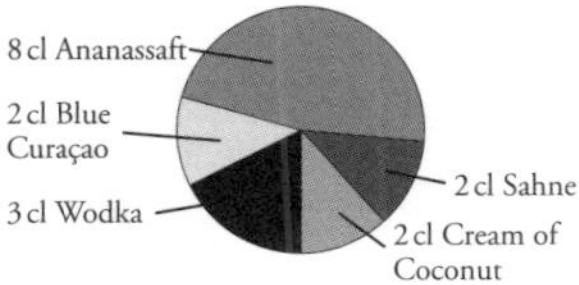

Caipirinha
Alkoholgehalt 24 %

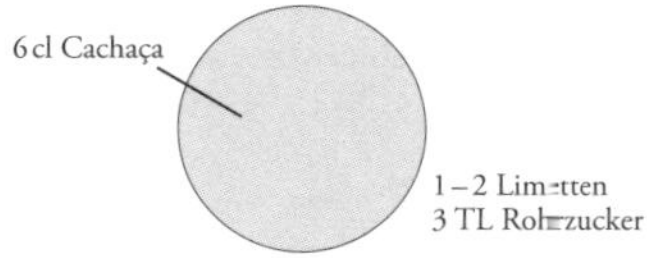

Piña Collada
Alkoholgehalt 17 %

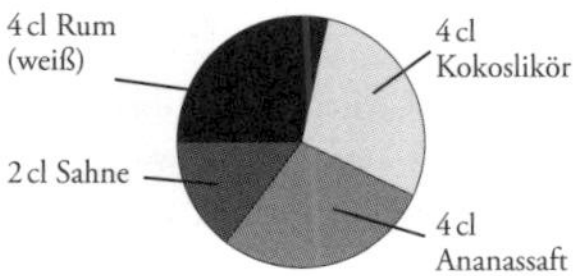

Woman Warrior
Alkoholgehalt 32 %

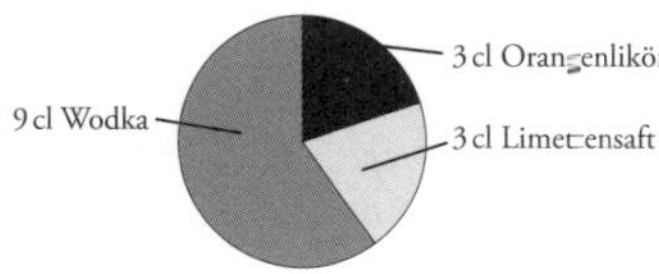

Die Bar Romeo in Ljubljana bietet unter der Überschrift „Sexy Cocktails" weitere Kreationen an. Beweisfoto, aufgenommen unter Einfluss von „Juicy Pussy":

SEX AND THE CITY …

… ist nun leider vorbei.

DESPERATE HOUSEWIVES …

… ist der Ersatz.

PFEIFE

Fünfunddreißig Prozent der Pfeifenraucher kriegen von ihrer Partnerin regelmäßig die Hörner aufgesetzt: viermal so oft wie andere Männer. Sie merken jedoch in Dreivierteln der Fälle nichts davon.

AUFBAU EINES SILIKONBUSENS

Silikonimplantate in der Brust werden auf, teilweise, besonders bei schlanken Patientinnen, aber auch unter dem Brustmuskel platziert. Die Tasche, die für das Silikonkissen bei der Operation gebildet wird, heißt „Implantatsloge".

Hier die beiden Möglichkeiten:

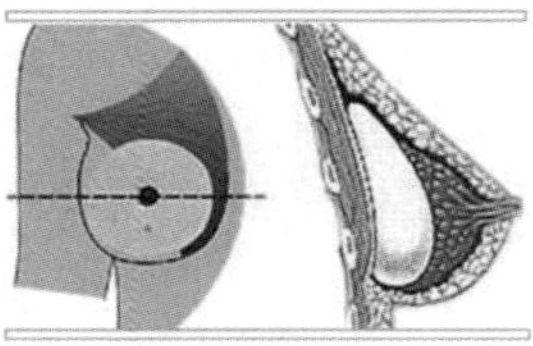

Implantatsloge auf oder teilweise unter dem Brustmuskel

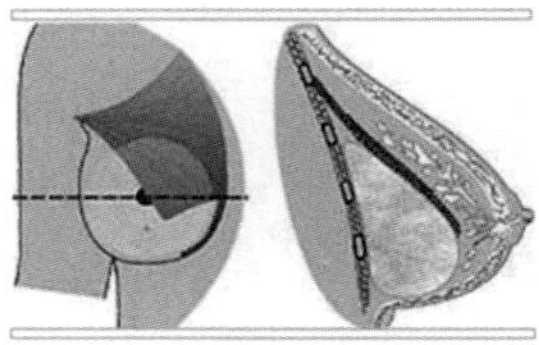

Implantatsloge auf und unter dem Muskel Weichteilabdeckung des Implantats

Die originale Preisliste I: So viel kostet eine neue Brust in Tschechien; Preise selbstverständlich in Euro:

Brustkorrekturen	**Budweis** Dr. Marik	**Prag** Dr. Kufa	**Tabor** Dr. Vlcek	**Ostrau** Dr. Lucak	**Pilsen** Uniklinik	**Pilsen** Privatklinik		**Brünn** Privatklinik	
					Dr.Kydlicek Dr.Pruchova	Dr. Solc	Dr. Glebel		Preise bei den Beleg- ärzten
Brustvergrößerung einschl. Standard- Silikongel-Implantaten MC-Ghan, Mentor, Eurosilicone, PIP, Polytech,	2.200	2.200	2.300	2.300	2.200	2.550	2.300	2.750	2.350
Implantate anatomisch	Aufpreis 200 - 600 €								
Bruststraffung	1.600	1.600	1.800	1.700	1.600	2.000	1.750		1.600
Brustvergrößerung mit Straffung einschl. Standard-Silicongel Implantaten	2.600	2.600	2.650	2.800	2.600	3.000	2.850	3.200	2.800
Brustverkleinerung bis 500g	1.900	1.900	1.900	1.900	1.900	2.300	2.050		2.000
Brustverkleinerung von 500g bis 3.000g						2.700	2.300		

Die originale Preisliste II: … und so viel eine Penisverlängerung:

Penisverlängerung	**Pilsen** Privatklinik	
	Dr. Solc	Dr. Glebel
Penisverlängerung (lokal oder Vollnarkose)	1.800	1.600

LOLO FERRARI

Lolo Ferrari hieß eigentlich Eve Valois und wurde 1970 im französischen Clermont-Ferrand geboren. Berühmt wurde die Pornodarstellerin durch ihren riesigen Busen, der sie ins Guiness-Buch der Rekorde brachte. 130 cm Umfang sprechen für sich. Erreicht wurden diese Maße durch eine ungeklärte Anzahl Schönheitsoperationen, bei denen ihr Salzwasserimplantate eingesetzt wurden. Glücklich hat sie das anscheinend aber nicht gemacht. Im Jahr 2000 brachte sie sich mit einer Überdosis Schlaftabletten um.

SCHULMÄDCHENREPORT – ALLE FOLGEN

Was Eltern nicht für möglich halten

Was Eltern den Schlaf raubt

Was Eltern nicht mal ahnen

Was Eltern oft verzweifeln läßt

Was Eltern wirklich wissen sollten

Was Eltern gern vertuschen möchten

Doch das Herz muß dabei sein

Was Eltern nie erfahren dürfen

Reifeprüfung vor dem Abitur

Irgendwann fängt jede an

Probieren geht über Studieren

Junge Mädchen brauchen Liebe

Vergiß beim Sex die Liebe nicht

BEZEICHNUNGEN FÜR FRAUEN

Schnalle
Zicke
Kuh
Tussi
Ische
Uschi
Schlunze
Schlampe
Schabracke

BEZEICHNUNGEN FÜR MÄNNER

Sack
Macker
Kerl
Typ
Strizzi
Flachwichser
Chauvi
Warmduscher
Menne
Hurenbock
Lusche
Schlappschwanz

BELIEBTE TIERISCHE KOSENAMEN

Bärchen
Hasi
Mauseschwänzchen
Sackratte
Kätzchen
Natter
Mäuschen
Eisente *(für Hamburgerinnen)*
Katze
Schnecke
Mausezahn
Käferchen
Nacktnasenbomber
Winselstute
Spinatwachtel
Schnepfe

DER KOMPLETTE MANN

Hier ist es endlich amtlich. So stellen sich Frauen ihren Traummann vor. Befragt wurden 1052 Frauen zwischen 25 und 55 Jahren.

❶ „Sehr wichtig", ❷ „Wichtig", ❸ „Teils, teils", ❹ „Weniger wichtig", ❺ „Nicht wichtig"

	❶	❷	❸	❹	❺
Einfühlungsvermögen	76 %	24 %	0 %	0 %	0 %
Gepflegtes Äußeres	73 %	27 %	0 %	0 %	0 %
Verantwortungsbewusstsein	98 %	2 %	0 %	0 %	0 %
Intelligenz	69 %	15 %	8 %	5 %	3 %
Wissen	35 %	31 %	16 %	13 %	5 %
Offenheit	96 %	3 %	1 %	0 %	0 %
Erfolg im Job	8 %	13 %	44 %	23 %	12 %
Humor	37 %	46 %	15 %	1 %	1 %
Flexibilität	43 %	48 %	5 %	3 %	1 %
Dynamik/Sportlichkeit	17 %	29 %	35 %	14 %	5 %
Natürlichkeit	81 %	13 %	4 %	2 %	0 %

Welche äußerlichen Attribute sind unbedingt nötig, um einen Mann komplett zu machen?

Faltenfreiheit . . . . 0 %
Glatt rasiert . . . . 34 %
Straffer Bauch . . . . 15 %
Volles Haar . . . . 18 %
Knackiger Po . . . . 21 %
Muskulöse Oberarme . . . . 6 %
Nichts davon . . . . 31 %

Was fehlt den deutschen Männern, um komplett zu sein?

Einfühlungsvermögen/Sensibilität	62 %
Gepflegtes Äußeres	41 %
Verantwortungsbewusstsein	27 %
Intelligenz	11 %
Wissen	13 %
Offenheit	71 %
Erfolg im Job	5 %
Humor	36 %
Flexibilität	54 %
Dynamik/Sportlichkeit	28 %
Natürlichkeit	17 %
Nichts davon, sie sind bereits komplett	0 %

Was ist für Männer heutzutage die größte Herausforderung?

Beruflicher Erfolg	72 %
Familienleben	25 %
Partnerschaft	39 %
Hobbys	43 %
Ehrenamtliches Engagement	0 %
Bildung	2 %
Aussehen	17 %

Wer sind die wichtigsten Menschen im Leben eines Mannes?

Partnerin/Partner	38 %
Kinder	31 %
Eltern	12 %
Geschwister	0 %
Freunde	19 %
Kollegen	0 %
Bekannte	0 %

Welcher der folgenden Prominenten ist für Sie ein „kompletter Mann"?

Harald Schmidt . . . . 4 %
Jürgen Klinsmann . . . . 2 %
Gerhard Schröder . . . . 3 %
Til Schweiger . . . . 8 %
Günther Jauch . . . . 11 %
Joschka Fischer . . . . 2 %
Michael Schumacher . . . . 1 %
Joseph Ratzinger . . . . 9 %
Keiner davon . . . . 76 %

Welche der folgenden Gegenstände sollte ein „kompletter Mann" in seinem Badezimmer haben?

Gesichtscreme . . . . 16 %
Rasierer . . . . 49 %
Haartrockner . . . . 55 %
Bürste . . . . 38 %
Deo . . . . 27 %
Nichts davon . . . . 3 %

Welche Schwächen darf sich ein Mann heutzutage noch erlauben?

Faulheit . . . . 1 %
Mangelnden Ehrgeiz . . . . 0 %
Mangelnde Körperpflege . . . . 0 %
Eitelkeit . . . . 5 %
Unentschlossenheit/Ziellosigkeit . . . . 0 %
Desinteresse . . . . 0 %
Egozentrik . . . . 0 %
Unpünktlichkeit . . . . 0 %
Genusssucht . . . . 12 %
Nichts davon . . . . 85 %

VIBRATOREN

Vibratoren gibt es schon länger, als man vielleicht denkt. Bereits 1869 ließ sich der Amerikaner George Taylor einen dampfbetriebenen Massage- und Vibrationsapparat patentieren. 1880 kam der erste Vibrator mit Batterieantrieb auf den Markt. Bis 1900 wurden solche Vibratoren freilich nur von Ärzten bei der Behandlung des damals oft diagnostizierten Frauenleidens „Hysterie" eingesetzt. Seit den Zeiten von Hypokrates bis Mitte der 1950er Jahre galt eine Massage der weiblichen Genitalien als Heilmittel für diese mittlerweile als Chimäre enttarnte „Krankheit".

Ab etwa 1900 kam mit der generell einsetzenden Elektrifizierung des Haushalts auch der Vibrator in die bürgerliche Wohnung. „Lindert alle Leiden, heilt Krankheiten" war nur einer von zahlreichen Werbesprüchen der Zeit. Als ab Mitte der 20er Jahre Vibratoren in Erotikfilmen zu erscheinen begannen, war es um den Liebling im Haushalt geschehen. Erst ab Mitte der 60er Jahre kehrte er in die sich sexuell befreiende Öffentlichkeit zurück. Heute ist das Angebot kaum noch zu überschauen, neue Materialien und immer ausgefeiltere Technik haben aus dem Massagestab heute ein High-Tech-Spielzeug ersten Ranges gemacht.
Einige Modelle aus dem Angebot des Beate-Uhse-Versands:

Slippery seduction

€ 34,99, Länge 19 cm, Breite 2,5 – 3 cm;
Material: „herrliches slippery Jelly"

La dolce vita

€ 14,99, Länge 10,5 cm, Breite 2,5 cm;
„Angenehme Bedienung mit Touch-Button"

Femme fatale

€ 19,99, Länge 19 cm, Breite 2,5 – 3 cm; „Fühlen Sie die Vibrationen, von quälend zart bis zu überwältigend hart."

Super big boss vibrator

€ 32,99, Länge 34 cm, Breite 4 – 6 cm; „Länger, dicker und stärker als ein ‚Echter'! Dieser Vinyl-Vibro füllt Sie ganz aus."

Splashy anal surprise

€ 18,50, Länge 23 cm, Breite 2 – 3 cm;
„Eine intensive analerotische Erfahrung! (…) Regelbare Fernbedienung. Ideal für Bad oder Dusche"

The black boomser

€ 45,00, Länge 19,5 cm, Breite 5 cm;
„Eine naturgetreue Nachbildung eines schwarzen Penis in voller Erektion. Mit besonders realistischen Hoden und herrlich echter Eichel"

His copy cock

€ 59,00, Länge: variabel, Breite auch;
„Eine naturgetreue Nachbildung von seinem Penis! Die einsamen, öden Tage sind jetzt endgültig vorbei."

Sean's sexdong

€ 32,50, Länge 17, 5 cm, Breite 3,5 – 4 cm;
„Ich kann ihn überall und in jeder Stellung platzieren: am Boden, gegen die Wand, auf einem Stuhl."

The deep penetrator

€ 19,99, Länge 23 cm, Breite 4 cm;
„Er ist hart, geil und lang! Herrlich, sich seine 23 cm Lust und Liebe nach innen zu stoßen."

The wet orgasm

€ 29,99, Länge 22 cm, Breite 4 cm;
„Spielen Sie mit ihm, bis Sie den Höhepunkt nahen fühlen. Drücken Sie dann den Balg, und er kommt gemeinsam mit Ihnen! Herrlich!"

Wollust Riese

€ 29,99 Länge 21 cm, Breite 4 cm;
„Dieser trendy Glitzer-Lover ist äußerst flexibel, stark geädert und nahezu geräuschlos."

Parisien lover

€ 49,99, Länge 26 cm, Breite 3,5 cm;
„Dieser Pariser Liebhaber kommt selber auch. Ein naturgetreuer, warmer, kräftiger Samenerguss. Wenn Sie ihn vor Beginn mit einer warmen Flüssigkeit füllen und während Ihres Höhepunkts seine Hoden massieren."

Squirting realistic cock

Länge 21 cm, Breite 6 cm;
„Wenn Sie die Vaginamuskeln anspannen, spendet er seinen Samen. Je mehr Sie drücken, umso mehr spritzt er."

The sex shooter

€ 29,99, Länge 9 cm, Breite 2,5 cm;
„Ein Mega-Verwöhner mit nicht weniger als 10 Sexprogrammen"

The Big Vibrator, hier kommt der Orgasmus quasi explosionsartig.

KLEINE MATERIALKUNDE FÜR DILDOS UND VIBRATOREN

Cyberskin™ stammt von der amerikanischen Firma Hustler und wird auch als thermales Plastik bezeichnet. Es ist ein Kunststoff in stabiler Schaumform. Cyberskin™ hat hautähnliche Eigenschaften: Es ist weich, dehnbar, leicht porig und erwärmt sich rasch bei der Benutzung. Jedoch bedarf dieses Material sehr viel Pflege. Aufgrund der chemischen Weichmacher kann es zu allergischen Reaktionen kommen. Auch die Hygiene ist nicht optimal. Das Material ist fettig und riecht etwas unangenehm. Nach einigen Jahren wird es porös, verfärbt sich und reißt leicht ein.

Ultra Realistic, UR-3, Ultra-Skin zählt zu den Cyberskin™-Materialien und ist ebenfalls ein schaumartiger Kunststoff, der hauptsächlich für Kunstpussys und Dildos eingesetzt wird. UR-3-Spielzeuge sind wesentlich massiver, schwerer, haltbarer und realistischer als solche aus Cyberskin™. Das Feeling und die Dehnungseigenschaften sind kaum noch von einer echten Vagina oder einem echten Penis zu unterscheiden. UR-3 schwitzt im Gegensatz zu Cyberskin™ und Loveclone kein Fett aus. UR-3-Kunstvagina-Produkte sind derzeit die besten auf dem Markt. Aber auch die UR-3- und UltraSkin-Dildos sind gut.

NatureSkin ist nicht so hochwertig wie z. B. CyberSkin und riecht nach chemischen Kunststoff-Weichmachern. Auch NatureSkin ist aus gesundheitlicher und hygienischer Sicht nicht unbedenklich. Es schwitzt leicht eine fettige Substanz aus.

PureFlesh ist ein hautähnliches Material. Es findet aber nur bei wenigen Kunstpussys und Dildos Anwendung. Der Geruch ist typisch „muffig".

Bei häufigem Gebrauch sind alle vorstehenden Materialien gesundheitlich bedenklich und sollten mit Kondom benutzt werden.

Jelly ist ein biegsamer Kunststoff (PVC), der mit einer Mixtur aus chemischen Weichmachern versetzt wird. Das Material wird unter anderem auch bei Flummies eingesetzt. Man erkennt es an der unebenen Oberfläche, unter der sich bei manchen Toys auch kleine Luftbläschen bilden. Jellytoys sind in besonders peppigen, grellen Farben erhältlich und sehr preiswert in der Herstellung. Nachteilig wirkt sich zuweilen der Geruch des Materials aus. Es empfiehlt sich, die Spielzeuge erst einmal an der frischen Luft ausdünsten zu lassen oder ein paar Tage in Wasser „einzulegen". Außerdem ist es angebracht, ein Kondom über das Toy zu ziehen, da die chemischen Stoffe durch die Schleimhaut aufgenommen werden. Besonders bei Analdildos aus Jelly merkt man es schnell am brennenden Schmerz. Jelly birgt die Gefahr eines erhöhten Krebsrisikos, von Zell- und Erbgutschäden.

Silikonkautschuk wird aus Sand und Kohle hergestellt und gilt als Naturprodukt. Es wird zum Spritzen von Spielzeug verwendet und ist schön glatt, weich und hautfreundlich. Das Besondere an dem Material ist, dass es die Körpertemperatur annimmt und die Wärme hält. Silikondildos gibt es mittlerweile in allen Farben und sie sind sehr hygienisch. Es darf nur kein silikonhaltiges Gleitmittel benutzt werden. Echtes Silikon ist ungiftig und enthält keine gesundheitsbedenklichen Substanzen. Es ist sicher das beste Material für künstliche Lovetoys.

Echter **Latex** ist ein sehr teurer Rohstoff. Zahlreiche Sex-Shops werben mit Latex-Dildos, und nur wenige bestehen aus echtem Naturlatex.

Naturlatex ist ein sehr angenehmes, sich schnell erwärmendes und weiches Material, das mittlerweile auch farbig hergestellt wird. Latex

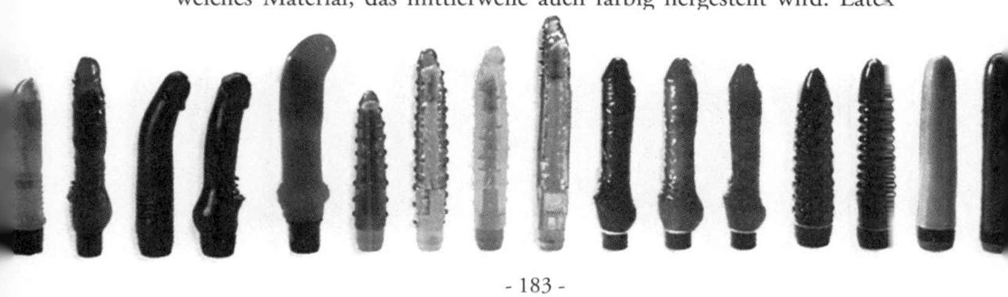

wird aus dem milchigen Saft des tropischen Kautschukbaums Hevea brasiliensis hergestellt. Latex hat eine sehr feine Struktur, lässt sich daher gut reinigen und gilt als recht hygienisch. Es gibt aber auch synthetisch hergestelltes Latex. Es hat fast dieselben positiven Eigenschaften wie das Naturprodukt. Aus Kostengründen wird bei Latextoys meistens nur die Hülle des Toys aus Latex hergestellt. Der Innenraum wird meistens mit PU-Kunststoff ausgeschäumt. Latex ist ungiftig und enthält keine gesundheitsbedenklichen Substanzen. Lediglich Latexallergiker sollten aufpassen.

Schaum-Kunststoff (PU): Ein Kunststoff namens „Polyurethan", Abkürzung PU, wird in schaumförmigem Zustand in eine Form gespritzt und dort ausgehärtet. PU ist ein lange gasender Werkstoff, der oftmals zu Hautreizungen und Allergien führt. Durch seine poröse Struktur können sich im Dildo-Inneren Bakterien einnisten und vermehren. Das Material wird durch Öl und scharfe Reinigungsmittel angegriffen und zerstört.

Acrylglas: Acryl ist das Kürzel für „Polymethylmethacrylat" und ist im Volksmund als Plexiglas bekannt.

Es wird für die so genannten Crystal-Toys eingesetzt und ist ein harter, „kristallklarer" und durchsichtiger Plastik-Werkstoff. Das Material ist sehr hygienisch und geruchsarm. Als Vibrator überträgt es die Vibration hervorragend. Geschwungene Dildoformen sind in der Vagina sehr angenehm zu spüren und haben wunderbare Gleiteigenschaften. Zudem sehen Acryl- Toys gut aus. Acryl lässt sich leicht mit Seifenwasser reinigen – jedoch nur mit einem weichen Schwamm oder mit der Hand, da die Oberfläche leicht zerkratzt. Es sind keine Allergien oder gesundheitliche Beeinträchtigungen durch den Werkstoff bekannt.

Vinyl ist ein Kürzel für „Poly-Vinyl-Chlorid" oder auch PVC. PVC gibt es sowohl in harter, als auch in weicher Form. Hart-PVC-Spielzeuge sind wohl die bekanntesten. Sie werden meistens als Stabvibratoren in zahlreichen Farben vertrieben und übertragen die Vibration hervorragend.

Ein wesentlicher Nachteil ist die Geräuschentwicklung. Gerade wenn verschiedene Materialien zusammengesteckt und unsauber verklebt sind oder Batterien lose im Gehäuse sitzen, machen Plastikvibratoren einen Heidenlärm. Aus Weich-PVC – z. B. von Duschvorhängen bekannt – werden vor allem Kunstpussys gefertigt. Leider dünsten die chemischen Weichmacher noch jahrelang aus. PVC ist sehr hygienisch und lässt sich gut reinigen. Vinyl-Toys können im Geschirrspüler gewaschen werden

Glas: Der Glasdildo besteht aus bruchsicherem Glas in Wellen- oder Rillenform. Man kann ihn in drei Arten bekommen:

a) als Dildo, den man mit kalten/warmen Flüssigkeiten befüllen kann – mit einem Glasstöpsel als Verschlussmöglichkeit,
b) als Dildo mit einem Wärme-/Kältegel befüllt, der vor Benutzung angewärmt oder abgekühlt werden,
c) als Dildo aus Massiv-Glas.

Vorteile von Glasdildos sind ihre Gleitfreudigkeit und Hygiene. Es können sich keine Keime und Bakterien in Poren absetzen, und es werden auch keine chemischen Inhaltsstoffe abgegeben. Glasdildos sind für Allergiker bestens geeignet. Bei ordnungsgemäßer Behandlung sind sie sehr stabil und zerbrechen nicht.

Gummi: Herkömmliche Billigdildos bestehen oft aus Gummi. Gummi ist schwer, porös und nicht leicht sauberzuhalten. Scheidensekret, Gleitmittel und Schmutz setzen sich schnell in den Luftbläschen unter

der Oberfläche fest. Gummidildos sollte man deshalb immer mit Kondomen verwenden.

Gummidildos haben den Vorteil, dass sie recht flexibel sind und im Laufe der Zeit, durch Wärme und Benutzung, sogar noch an Beweglichkeit gewinnen. Sie riechen aber unangenehm und sind für Gummi-Allergiker nicht geeignet.

Edelstahl: Spielzeuge aus Edelstahl strahlen eine kühle Erotik aus. Die edlen Schmuckstücke erwärmen sich zwar langsam, halten aber die Temperatur recht lange. Wem es zu kalt ist, der legt das Toy einfach vorher z. B. auf die Heizung oder in warmes Wasser. In Deutschland erhältliche Metalldildos müssen aus chirurgischem Stahl bestehen und nickelfrei sein. Es sind keine Allergien oder gesundheitlichen Beeinträchtigungen bekannt.

Holz: Holzdildos haben oftmals eine wellige oder kegelige Form. Beim Kauf sollte man unbedingt darauf achten, dass ein Naturholz verwendet wurde, welches natürlich saftet und nicht splittert. Hin und wieder empfiehlt es sich, den Dildo mit einem natürlichen Öl einzureiben. Allerdings lässt die Hygiene bei vielen Holzarten zu wünschen übrig. Am besten eignet sich Ahorn. Es hat eine sehr dichte Struktur, splittert nicht und weist auf natürlichem Wege Keime ab.

Stein: Seit mehreren tausend Jahren werden Dildos aus massivem Stein oder Granit gefertigt. Diese sind in unserem (chemischen) Jahrhundert leider etwas in Vergessenheit geraten. Stein- oder Granitdildos sind heutzutage sehr glatt geschliffen, haben aufregende Formen und können problemlos gereinigt oder im Geschirrspüler desinfiziert werden. Sie können erwärmt oder kalt genossen werden. Es sind keine Allergien oder gesundheitlichen Beeinträchtigungen bekannt.

HANDY-VOYEURISMUS

Mit der massenhaften Verbreitung von Fotohandys ist das Problem des sogenannten Handy-Voyeurismus entstanden. Während sich der Spanner früher nur nach einem Moment zweifelhaften Glücks sehnte und – wollte er Fotoaufnahmen fremder Körper machen – einen erheblichen und selten unauffälligen Aufwand treiben musste, ist mit den technischen Segnungen der Spaßkultur alles ganz einfach geworden. Besonders Schwimmbäder sind von der Landplage betroffen. Seit 2004 ist das kamerabewehrte Spannen nicht mehr ganz ungefährlich, denn der Gesetzgeber hat Abhilfe geschaffen:

StGB § 201a

Verletzung des höchstpersönlichen Lebensbereichs durch Bildaufnahmen

(1) Wer von einer anderen Person, die sich in einer Wohnung oder einem gegen Einblick besonders geschützten Raum befindet, unbefugt Bildaufnahmen herstellt oder überträgt und dadurch deren höchstpersönlichen Lebensbereich verletzt, wird mit Freiheitsstrafe bis zu einem Jahr oder mit Geldstrafe bestraft.

(2) Ebenso wird bestraft, wer eine durch eine Tat nach Absatz 1 hergestellte Bildaufnahme gebraucht oder einem Dritten zugänglich macht.

(3) Wer eine befugt hergestellte Bildaufnahme von einer anderen Person, die sich in einer Wohnung oder einem gegen Einblick besonders geschützten Raum befindet, wissentlich unbefugt einem Dritten zugänglich macht und dadurch deren hö hstpersönlichen Lebensbereich verletzt, wird mit Freiheitsstrafe bis zu einem Jahr oder mit Geldstrafe bestraft

(4) Die Bildträger sowie Bildaufnahmegeräte oder andere technische Mittel, die der Täter oder Teilnehmer verwendet hat, können eingezogen werden. § 74a ist anzuwenden.

KATHARINA DIE GROSSE UND DIE PFERDE

Dass die Pferdeliebe Katharinas der Großen sich auch auf das Geschlechtliche erstreckt habe, ist noch immer ein weit verbreiteter Mythos. Betrachtet man es mal medizinisch: Katharina würde die intensive Begegnung mit dem Penis eines Hengstes kaum überlebt haben; die Größenverhältnisse sind doch zu unterschiedlich. Vermutlich ist sie wirklich einfach nur gern geritten – auf dem Rücken der Pferde …

NASE PUDERN LIVE!

Das Spannerparadies ist – wer hätte es nicht selbst vermutet – Berlin. Nicht nur an der FKK-Badestelle am Teufelssee ist Frau den Blicken unterbeschäftigter Männer ausgesetzt: Es geht auch noch dümmer: Die ErdbeerBar in Berlin-Mitte erlangte zweifelhafte Berühmtheit durch ihre Videoüberwachung der Damentoilette. Selbst in der Schweizer „Wochenzeitung" berichtete man von dieser tollen Idee.

Von der Bar aus konnte Mann gemütlich verfolgen, auf welche Art und Weise sich Frau die Hände wäscht, das Näschen pudert oder wie lange die hübsche Blonde in der Kabine verschwunden bleibt. Hätte man die Betreiber nach dem tieferen Sinn ihrer Idee gefragt, wäre wahrscheinlich – wie immer in Berlin – irgendein pseudo-aufklärerischer oder noch besser: künstlerisch-aufklärerischer Impetus bei der Installation der Spannerkamera vorgebracht worden. Aber: Angeblich kommt diese Idee aus New York und ist deswegen per se nachahmenswert.

Der Riecher war jedenfalls richtig: Einen Blick auf die Damentoilette will irgendwie dann ja doch kein Mann verpassen, und so wurde aus einer 08/15-Bar zumindest kurzfristig ein Hotspot des traurigen Nachtlebens in Berlin-Mitte.

DER SICHERE ANMACHSPRUCH

**Mein Hobby ist kicken,
aber leider hab ich 'nen Sprachkehler.**

Am besten auf sächsisch vorgetragen.

LOB DEM BIERTRINKER

Zweiundsechzig Prozent der deutschen Biertrinker haben dreimal pro Woche oder öfter Sex. Damit liegt ihr Vorsprung vor den Weintrinkern bei 330 Promillepunkten. Wie ihre Trinksitten ist auch ihr Sexualverhalten natürlicher, ursprünglicher und zwangloser. Statt sich die spontane Lust an der Freude mit langwierigen Ritualen zu vergällen, gehen sie unbeschwert zur Sache. Halten sich nicht mit Präliminarien auf, sondern sorgen dafür, dass es flutscht.

Allerdings gibt es Biersorten, die Mann im Beisein von Frauen nicht trinken sollte:

Hansa Dosenbier

anderes Dosenbier

Beck's Gold

Corona

Sol

etc.

GESCHICHTE DES BH – WIE ES EUCH GEFÄLLT!

Kurzform von Büstenhalter. Schon in der Antike stützten Frauen ihre Brüste mit Binden. Der erste „echte" Büstenhalter, aus einem Gürtel und Taschentüchern gearbeitet, wurde jedoch erst 1889 in Frankreich patentiert und löste allmählich das unbequeme Korsett ab. Unzählige weitere Varianten folgten: Kappen, mit Bändern befestigt, Taschentücher an Männerhosenträgern, runde Formen in den 1930er, spitze in den 1950er Jahren, seidige Edel- und baumwollene Sport-BHs bis hin zu den Push-Up-BHs, deren Siegeszug seit den 1990er Jahen anhält.

Umstritten ist der Wahrheitsgehalt von BH-Verbrennungen in den 1960er Jahren. Verbürgt ist lediglich, dass 1968 bei einem Protest gegen die Miss America-Wahl ein BH in einem Mülleimer landete und Frau in Zeiten der Studentenbewegung ihren Busen lieber frei schwingen ließ.

KÖRBCHENGRÖSSEN UND UMRECHNUNGSTABELLE FÜR DEN INTERNATIONALEN BH

So zwackt und schlabbert nichts:

Cup-Größe

Messen Sie zunächst Ihren Unterbrustumfang. Rechnen Sie bis zu einer Größe von 84 cm 7,5 cm dazu, bei größeren Maßen 12,5 cm. Nun um den umfangreichsten Teil der Brüste herum den Körperumfang messen: Dabei nicht die Brüste eindrücken! Von diesem Maß nun den oben berchneten Unterbrustumfang abziehen. Es ergeben sich die Einträge aus der ersten Tabellenspalte. Zur Unterstützung können Sie auch noch den Überbrustumfang (oberhalb der Brust, unterhalb der Arme) messen. Nach Subtraktion der Unterbrustweite ergibt sich die Zahl für die zweite Spalte.

Brust minus Unterbrust	Brust minus Überbrust	Körbchen
0		AA
3	3	A
5	5	B
8	8	C
10	10	D
13	13	E,DD
15	15	F,DDD
18	18	G,F,FF
19		GG
20		G,H
23		H,I
25		H,I,J
28		HH
29–33		I
33–39		J
39–41		K,JJ

Und damit Sie auch im Ausland ihrem Unterbrustumfang gerecht werden:

Internationale Größentabelle:

Region	Größen									
US-Größe	30	32	34	36	38	40	42	44	46	48
Französische Größe	80	85	90	95	100	105	110	115	120	125
Italienische Größe	1	2	3	4	5	6	7	8	9	10
Internationale Größe	65	70	75	80	85	90	95	100	105	110
Australische/ NL Größe	8	10	12	14	16	18	20	22	24	26

DAS HOHELIED SALOMONS

Im Alten Testament findet sich eines der ältesten erotischen Gedichte, das wir kennen. Freilich ist nicht König Salomo der Verfasser. Vielmehr handelt es sich um eine Textsammlung altorientalischer Liebeslieder, die ein unbekannter Dichter zusammengestellt hat. Im Mittelpunkt steht die verzehrende Liebe zweier junger Menschen. Vermutlich haben diese Texte Aufnahme in die Heilige Schrift gefunden, weil die hier besungene Liebe zwischen Mann und Frau als Gleichnis der Liebe zwischen den Menschen und Gott gesehen wurde.

1:1 Das Lied der Lieder, von Salomo. 1:2 Er küsse mich mit Küssen seines Mundes, denn deine Liebe ist köstlicher als Wein. 1:3 An Duft gar köstlich sind deine Salben; ausgegossenes Salböl ist dein Name. Darum lieben dich die Mädchen. 1:4 Zieh mich dir nach, laß uns eilen! Der König möge mich in seine Gemächer führen! Wir wollen jubeln und uns freuen an dir, wollen deine Liebe preisen mehr als Wein! Mit Recht liebt man dich. 1:5 Schwarz bin ich und doch anmutig, ihr Töchter Jerusalems, wie die Zelte Kedars, wie die Zeltdecken Salomos. 1:6 Seht mich nicht an, weil ich schwärzlich bin, weil die Sonne mich gebräunt hat! Meiner Mutter Söhne fauchten mich an, setzten mich als Hüterin der Weinberge ein. Meinen eigenen Weinberg habe ich nicht gehütet. 1:7 `Erzähle mir, du, den meine Seele liebt, wo weidest du? Wo läßt du lagern am Mittag? Wozu denn sollte ich wie eine Verschleierte sein bei den Herden deiner Gefährten? 1:8 `Wenn du es nicht weißt, du Schönste unter den Frauen, so geh hinaus den Spuren der Herde nach und weide deine Zicklein bei den Wohnstätten der Hirten! 1:9 `Einer Stute an den Prachtwagen des Pharao vergleiche ich dich, meine Freundin. 1:10 Anmutig sind deine Wangen zwischen den Schmuckkettchen, dein Hals mit der Muschelkette. 1:11 Goldene Schmuckkettchen wollen wir dir machen mit Perlen aus Silber. 1:12 `Solange der König bei seiner Tafelrunde [weilt], gibt meine Narde ihren Duft. 1:13 Ein Myrrhenbeutelchen ist mir mein Geliebter, das zwischen meinen Brüsten ruht. 1:14 Eine [Blüten]traube vom Hennastrauch ist mir mein Geliebter, aus den Weinbergen von En-Gedi. 1:15 `Siehe, du bist schön, meine Freundin, siehe, du bist schön, deine

Augen sind Tauben. 1:16 `Siehe, [auch] du bist schön, mein Geliebter, und hold, und unser Lager ist frisches Grün. 1:17 Die Balken unseres Hauses sind Zedern, unsere Dachsparren sind Wacholder.

2:1 `Ich bin eine Narzisse von Scharon, eine Lilie der Täler. 2:2 `Wie eine Lilie unter Dornen so ist meine Freundin unter den Töchtern. 2:3 `Wie ein Apfelbaum unter den Bäumen des Waldes so ist mein Geliebter unter den Söhnen. In seinem Schatten zu sitzen, gelüstet}s mich, und seine Frucht ist meinem Gaumen süß. 2:4 `Er hat mich ins Weinhaus hineingeführt, und sein Zeichen über mir ist Liebe. 2:5 Stärkt mich mit Traubenkuchen, erquickt mich mit Äpfeln, denn ich bin krank vor Liebe! 2:6 Seine Linke [liegt] unter meinem Kopf, und seine Rechte umfaßt mich. 2:7 Ich beschwöre euch, Töchter Jerusalems, bei den Gazellen oder bei den Hirschkühen des Feldes: Weckt nicht, stört nicht auf die Liebe, bevor es ihr [selber] gefällt! 2:8 Horch, mein Geliebter! Siehe, da kommt er, springt über die Berge, hüpft über die Hügel. 2:9 Mein Geliebter gleicht einer Gazelle oder einem jungen Hirsch. Siehe, da steht er vor unserer Hauswand, schaut durch die Fenster herein, blickt durch die Gitter. 2:10 Mein Geliebter erhebt [seine Stimme] und spricht zu mir: `Mach dich auf, meine Freundin, meine Schöne, und komm! 2:11 Denn siehe, der Winter ist vorbei, die Regenzeit ist vorüber, ist vergangen. 2:12 Die Blumen zeigen sich im Lande, die Zeit des Singens ist gekommen, und die Stimme der Turteltaube läßt sich hören in unserm Land. 2:13 Der Feigenbaum rötet seine Feigen, und die Reben, die in Blüte stehen, geben Duft. Mach dich auf, meine Freundin, meine Schöne, und komm! 2:14 Meine Taube in den Schlupfwinkeln der Felsen, im Versteck an der Felsstufen, laß mich deine Gestalt sehen, laß mich deine Stimme hören. Denn deine Stimme ist süß und deine Gestalt anmutig. 2:15 Fangt uns die Füchse, die kleinen Füchse, die die Weinberge verderben! Denn unsere Weinberge stehen in Blüte. 2:16 Mein Geliebter ist mein, und ich bin sein, der in den Lilien weidet. 2:17 Wenn der Tag verhaucht und die Schatten fliehen, wende dich her, mein Geliebter, gleiche einer Gazelle oder einem jungen Hirsch auf den zerklüfteten Bergen!

(...)

4:1 Siehe, schön bist du, meine Freundin. Siehe, du bist schön! Deine Augen [leuchten wie] Tauben hinter deinem Schleier hervor. Dein Haar ist wie eine Herde Ziegen, die vom Gebirge Gilead hüpfen. 4:2 Deine Zähne sind wie eine Herde frisch geschorener [Schafe], die aus der Schwemme heraufkommen, jeder [Zahn] hat seinen Zwilling, keinem von ihnen fehlt er. 4:3 Wie eine karmesinrote Schnur sind deine Lippen, und dein Mund ist lieblich. Wie eine Granatapfelscheibe [schimmert] deine Schläfe hinter deinem Schleier hervor. 4:4 Dein Hals ist wie der Turm Davids, der rund gebaut ist. Tausend Schilde hängen daran, alles Schilde von Helden. 4:5 Deine beiden Brüste sind wie zwei Kitze, Zwillinge der Gazelle, die in den Lilien weiden. 4:6 Wenn der Tag verhaucht und die Schatten fliehen, will ich zum Myrrhenberg hingehen und zum Weihrauchhügel. 4:7 Alles an dir ist schön, meine Freundin, und kein Makel ist an dir. 4:8 Mit mir vom Libanon, [meine] Braut, mit mir vom Libanon sollst du kommen, sollst herabsteigen vom Gipfel des Amana, vom Gipfel des Senir und Hermon, weg von den Lagerstätten der Löwen, von den Bergen der Leoparden. 4:9 Du hast mir das Herz geraubt, meine Schwester, [meine] Braut. Du hast mir das Herz geraubt mit einem einzigen [Blick] aus deinen Augen, mit einer einzigen Kette von deinem Halsschmuck. 4:10 Wie schön ist deine Liebe, meine Schwester, [meine] Braut! Wieviel köstlicher ist deine Liebe als Wein und der Duft deiner Salben als alle Balsamöle! 4:11 Honigseim träufeln deine Lippen, [meine] Braut. Honig und Milch ist unter deiner Zunge, und der Duft deiner Gewänder gleicht dem Duft des Libanon. 4:12 `Ein verschlossener Garten ist meine Schwester, [meine] Braut, ein verschlossener Born, eine versiegelte Quelle. 4:13 Was dir entsproßt, ist ein Lustgarten von Granatapfelbäumen samt köstlichen Früchten, Hennasträuchern samt Narden, 4:14 Narde und Safran, Würzrohr und Zimt samt allerlei Weihrauchgewächsen, Myrrhe und Aloe samt allerbesten Balsamsträuchern. 4:15 Eine Gartenquelle [bist du], ein Brunnen mit fließendem Wasser und [Wasser], das vom Libanon strömt. 4:16 `Wach auf, Nordwind, und komm, Südwind! Laß duften meinen Garten, laß strömen seine Balsamöle! Mein Geliebter komme in seinen Garten und esse seine köstlichen Früchte!

5:1 `Ich komme in meinen Garten, meine Schwester, [meine] Braut. Ich pflücke meine Myrrhe samt meinem Balsam, esse meine Wabe samt meinem Honig, trinke meinen Wein samt meiner Milch. Eßt, Freunde, trinkt und berauscht euch an der Liebe! 5:2 Ich schlief, aber mein Herz war wach. Horch, mein Geliebter klopft: `Öffne mir, meine Schwester, meine Freundin, meine Taube, meine Vollkommene! Denn mein Kopf ist voller Tau, meine Locken voll von Tropfen der Nacht. 5:3 `Ich habe meinen Leibrock [schon] ausgezogen, wie sollte ich ihn [wieder] anziehen? Ich habe meine Füße gewaschen, wie sollte ich sie [wieder] beschmutzen? 5:4 Mein Geliebter streckte seine Hand durch die Öffnung, da wurden meine Gefühle für ihn erregt. 5:5 Ich stand auf, um meinem Geliebten zu öffnen, da troffen meine Hände von Myrrhe und meine Finger von flüssiger Myrrhe, [als ich sie legte] an die Griffe des Riegels. 5:6 Ich öffnete meinem Geliebten, aber mein Geliebter hatte sich abgewandt, war weitergegangen. Ich war außer mir, daß er weg war. Ich suchte ihn, doch ich fand ihn nicht. Ich rief ihn, doch er antwortete mir nicht. 5:7 Es fanden mich die Wächter, die die Stadt durchstreifen. Sie schlugen mich, verwundeten mich. Die Wächter der Mauern nahmen mir meinen Überwurf weg. 5:8 Ich beschwöre euch, Töchter Jerusalems, wenn ihr meinen Geliebten findet, was wollt ihr ihm ausrichten? Daß ich krank bin vor Liebe. 5:9 Was hat dein Geliebter einem [andern] Geliebten voraus, du Schönste unter den Frauen? Was hat dein Geliebter einem [andern] Geliebten voraus, daß du uns so beschwörst? 5:10 Mein Geliebter ist weiß und rot, hervorragend unter Zehntausenden. 5:11 Sein Haupt ist feines, gediegenes Gold, seine Locken sind Dattelrispen, schwarz wie der Rabe; 5:12 seine Augen wie Tauben an Wasserbächen, in Milch gebadet [seine Zähne], festsitzend in der Fassung; 5:13 seine Wangen wie ein Balsambeet, das Würzkräuter sprossen läßt; seine Lippen Lilien, triefend von flüssiger Myrrhe. 5:14 Seine Arme sind goldene Rollen, mit Türkis besetzt; sein Leib ein Kunstwerk aus Elfenbein, bedeckt mit Saphiren. 5:15 Seine Schenkel sind Säulen aus Alabaster, gegründet auf Sockel von gediegenem Gold. Seine Gestalt ist wie der Libanon, auserlesen wie Zedern. 5:16 Sein Gaumen ist Süßigkeit, und alles an ihm ist begehrenswert. Das ist mein Geliebter und das mein Freund, ihr Töchter Jerusalems!

(...)

7:1 Dreh dich um, dreh dich um, Sulamith! Dreh dich um, dreh dich um, daß wir dich anschauen! Was wollt ihr an Sulamith schauen beim Reigen von Mahanajim? 7:2 Wie schön sind deine Schritte in den Sandalen, du Tochter eines Edlen! Die Biegungen deiner Hüften sind wie Halsgeschmeide, ein Werk von Künstlerhand. 7:3 Dein Schoß ist eine runde Schale. Nie mangle es ihr an Mischwein! Dein Leib ist ein Weizenhaufen, umzäunt mit Lilien. 7:4 Deine beiden Brüste sind wie zwei Kitze, Zwillinge der Gazelle. 7:5 Dein Hals ist wie der Elfenbeinturm, deine Augen [wie] die Teiche in Heschbon am Tor der volkreichen [Stadt], deine Nase wie der Libanon-Turm, der nach Damaskus hinschaut. 7:6 Dein Haupt auf dir ist wie der Karmel und dein gelöstes Haupthaar wie Purpur. Ein König ist gefesselt durch [deine] Locken! 7:7 Wie schön bist du, und wie lieblich bist du, o Liebe voller Wonnen! 7:8 Dies ist dein Wuchs: Er gleicht der Palme und deine Brüste den Trauben. 7:9 Ich sagte [mir]: `Ersteigen will ich die Palme, will nach ihren Rispen greifen. Deine Brüste sollen [mir] wie Trauben des Weinstocks sein und der Duft deines Atems wie Apfelduft 7:10 und dein Gaumen wie vom würzigen Wein, der einem Liebhaber [süß] eingeht, der die Lippen der Schlafenden erregt. 7:11 `Ich gehöre meinem Geliebten, und nach mir ist sein Verlangen. 7:12 Komm, mein Geliebter, laß uns aufs Feld hinausgehen! Wir wollen unter Hennasträuchern die Nacht verbringen. 7:13 Wir wollen uns früh aufmachen zu den Weinbergen, wollen sehen, ob der Weinstock treibt, die Weinblüte aufgegangen ist, ob die Granatapfelbäume blühen. Dort will ich dir meine Liebe schenken. 7:14 Die Liebesäpfel geben [ihren] Duft, und an unserer Tür sind allerlei köstliche Früchte, frische und alte, die ich, mein Geliebter, dir aufbewahrt habe.

8:1 O wärest du mir doch ein Bruder, der die Brust meiner Mutter gesogen! Fände ich dich [dann] draußen, könnte ich dich küssen, und man dürfte mich dennoch nicht verachten. 8:2 Ich würde dich führen, dich hineinbringen ins Haus meiner Mutter, die mich unterrichtete. Ich würde dir vom Würzwein zu trinken geben, vom Most meiner Granatäpfel. 8:3 Seine Linke [läge] unter meinem Kopf, und seine Rechte umfaßte mich. 8:4 Ich beschwöre euch, Töchter Jerusalems: Was wollt ihr wecken, was aufstören die Liebe, bevor es ihr [selber] gefällt! 8:5 Wer ist sie, die da heraufkommt aus der Wüste, an ihren Geliebten gelehnt? Unter dem Apfelbaum habe ich dich geweckt, dort empfing dich deine Mutter, dort empfing sie dich, die dich gebar. 8:6 `Leg mich wie ein Siegel an dein Herz, wie ein Siegel an deinen Arm! Denn stark wie der Tod ist die Liebe, hart wie der Scheol die Leidenschaft. Ihre Gluten sind Feuergluten, eine Flamme Jahs. 8:7 Mächtige Wasser sind nicht in der Lage, die Liebe auszulöschen, und Ströme schwemmen sie nicht fort. Wenn einer den ganzen Besitz seines Hauses für die Liebe geben wollte, man würde ihn nur verachten. 8:8 Wir haben eine Schwester, die ist klein und hat noch keine Brüste. Was sollen wir mit unserer Schwester tun an dem Tag, da man um sie werben wird? 8:9 Wenn sie eine Mauer ist, bauen wir auf ihr eine silberne Zinne. Wenn sie aber eine Tür ist, versperren wir sie mit einem Zedernbrett. 8:10 Ich bin eine Mauer, und meine Brüste sind wie Türme. Nun [aber] bin ich vor ihm wie eine, die Frieden anbietet. 8:11 Einen Weinberg hatte Salomo in Baal-Hamon. Er übergab den Weinberg den Hütern. Jedermann würde für seine Frucht tausend Silber[schekel] einnehmen. 8:12 Meinen eigenen Weinberg habe ich vor mir. Die tausend [Silberschekel gönne ich] dir, Salomo, und zweihundert denen, die seine Frucht hüten. 8:13 Die du wohnst in den Gärten, während die Gefährten deiner Stimme lauschen, laß mich hören: 8:14 Enteile, mein Geliebter, und tu es der Gazelle gleich oder dem jungen Hirsch auf den Balsambergen

Der lexikalische Eintrag

HETÄRE

Hetäre stammt aus dem Griechischen und bedeutet wörtlich: Gefährtin. Es handelt sich bei einer Hetäre um eine Unterhaltungsdame gehobenen Niveaus mit musischen Talenten, literarischen Kenntnissen etc. Sie ist von der einfachen Prostituierten zu unterscheiden, die Mann nur zur Befriedigung unmittelbarer sexueller Lüste aufsuchte.

FLIRTEN IM AUTO

	Frauen	*Männer*	*Gesamt*
Wann sind Sie im Auto für einen Flirt aufgelegt?			
Morgens auf dem Weg zur Arbeit	7%	13%	10%
Nach Feierabend auf dem Rückweg	19%	37%	28%
Im Stau	26%	35%	31%
Auf der Parkplatzsuche	11%	19%	15%
Im Parkhaus	14%	23%	19%
Generell an roten Ampeln	22%	31%	27%
Auf dem Weg ins Wochenende	35%	47%	41%
Nie	8%	5%	6%
Wie machen Sie auf sich aufmerksam, wenn Sie mit jemandem flirten wollen?			
Intensiver Blickkontakt	53%	62%	58%
Lächeln	71%	84%	78%
Scheibe herunterkurbeln	5%	17%	11%
Gestikulieren	3%	10%	7%
Hupen	4%	6%	5%
Zettel an die Scheibe halten	2%	3%	3%
Was verdirbt Ihnen den Spaß am Flirten?			
Duftbaum am Innenspiegel	29%	18%	23%
Wackeldackel	34%	20%	27%
Airbrush auf der Motorhaube	53%	15%	34%
Kavalierstart	42%	13%	27%
Verschlafener Fahrstil	81%	46%	63%

Dröhnende Musik aus dem Autoradio	37 %	16 %	26 %
„Baby on board"-Aufkleber	49 %	24 %	36 %
Aufgemotztes Auto	48 %	17 %	32 %
Beifahrer(in)	59 %	40 %	49 %

Wie weit sind Sie bei einem Auto-Flirt bereits gegangen?

Rechts ranfahren und etwas quatschen	0 %	3 %	2 %
Spontan einen Kaffee trinken	2 %	5 %	4 %
Telefonnummern austauschen	2 %	8 %	5 %
Kfz-Zeichen merken und Personalien herausbekommen	0 %	1 %	0 %
Quickie im Auto	0 %	0 %	0 %
Ich hatte schon mal eine Beziehung, die mit einem Auto-Flirt begonnen hat	1 %	1 %	1 %

Wie weit würden Sie bei einem Auto-Flirt gehen?

Rechts ranfahren und etwas quatschen	6 %	25 %	16 %
Spontan einen Kaffee trinken	7 %	29 %	18 %
Telefonnummern austauschen	9 %	46 %	28 %
Kfz-Zeichen merken und Personalien heraus bekommen	3 %	8 %	6 %
Quickie im Auto	0 %	37 %	18 %

(Befragt wurden 1084 Frauen und Männer zwischen 18 und 55.)

Liebe geht durch den Magen

Erst süffig schlürfen, dann sahnig schlemmen und schließlich alle Sinne mit einer süßen Verführung wecken: So wird das kulinarische Nachspiel zu einem erotischen Vorspiel.

Das Vorspiel

Austern in Champagner

1/2 Schalotte, 20 g Butter, 1/4 Glas trockener Champagner, Salz, Pfeffer aus der Mühle, 3 cl Sahne, 50 g Butter, 12 Austern, 1 Glas trockenen Champagner.

Zubereitung:

Die Schalotte fein hacken und in 10 g Butter anschwitzen, mit einem 1/4 Glas Champagner ablöschen. Leicht salzen, pfeffern und stark einkochen lassen. Sahne zufügen und erneut einkochen lassen. Die restliche Butter in kleine Stücke schneiden und auf sehr kleiner Flamme kräftig darunterschlagen. Die Sauce warm stellen. Die Austern öffnen, das Wasser weggießen, das Fleisch mit einem Messer lösen, aber in der Schale belassen. Die Schalen auf eine feuerfeste Form geben und mit dem Champagner begießen. 1 1/2 Minuten in den heißen Ofen stellen, herausnehmen und mit der Sauce übergießen.

Der Höhepunkt

Kalbsbries mit Haselnüssen

1 kleines Kalbsbries, 1 cl Weinbrand, Salz, etwas geriebener Muskat, 100 g geriebene Haselnüsse, 2 EL Butter, 6 Artischockenböden aus der Dose, 6 EL Sauce Hollandaise, 1/2 Banane, 1 TL Butter

Zubereitung:
Das frische Kalbsbries von allen Adern und Blutgerinnseln befreien, zwei Stunden wässern, das Wasser mehrmals erneuern.
Das Bries in kochendes, leicht gesalzenes Wasser geben, aufkochen lassen, herausnehmen und die Haut abziehen. Damit das Bries in Form bleibt, zwischen 2 Küchenbrettern leicht pressen und so erkalten lassen.
Dann in 6 Scheiben schneiden, mit dem Weinbrand marinieren, mit Salz und Muskat würzen, in den geriebenen Haselnüssen wenden und vorsichtig in der heißen Butter von beiden Seiten braten.
Die erhitzten Artischockenböden mit Sauce Hollandaise füllen und darauf das Bries anrichten, auf jedes Stück ein gebratenes Bananenscheibchen geben.
Dazu passt Tomatensalat mit viel Kresse und Weizenkeimen bestreut.

Das Nachspiel

Vanillecafé

1/4 Packung Vanilleeis, 4 cl Eierlikör, 1/4 Vanilleschote, 2 Tassen kalten, starken Kaffee, 1 Tasse geschlagene Sahne, 1 TL Instant-Kaffeepulver

Zubereitung:
Zwei Gläser vorfrosten, das Vanilleeis darauf verteilen und die Gläser wieder in die Tiefkühltruhe stellen.
Den Eierlikör mit dem ausgekratzten Mark der Vanilleschote gut verrühren, über das Eis geben. Mit dem Kaffee auffüllen, die geschlagene Sahne darauf geben und mit dem Kaffeepulver bestreuen.

Adonis

Abstammung: wahrscheinlich aus dem semitisch-sprachigen Raum. In der griechischen Mythologie Gott der Schönheit und einer der Geliebten der Aphrodite (bzw. römisch Venus), der durch die Hand des eifersüchtigen Ares in Gestalt eines Keilers (bzw. römisch Mars) starb, ohne die Liebe Aphrodites erfüllt zu haben.

Freya

In der germanischen Mythologie Göttin der Liebe, Fruchtbarkeit, des Frühlings und Glücks, Führerin der Walküren und Zauberin; hatte zahlreiche Geliebte. Ihre Schönheit entfesselte Kriege zwischen den Riesen und den Asen. Sie trug den Liebe einflößenden Halsschmuck Brinsingamen. Freya ist Namensgeberin des Wochentags Freitag. Ähnelt der griechischen Aphrodite und der römischen Venus.

Aphrodite

In der griechischen Mythologie Göttin der Liebe, der Schönheit und der sinnlichen Begierde. Mehrgestaltigkeit. Nach Hesiod: Tochter des Uranus, dessen Geschlechtsteile sein Sohn Kronos abschnitt und ins Meer warf. Samen und Wasser vermischten sich, und aus dem Schaum entstieg Aphrodite. Nach Homer: Tochter des Zeus und der Dione. Verheiratet mit Hephaistos, Gott der Schmiede und des Feuers, der jedoch Sterbliche und Unsterbliche neben sich dulden musste, u.a. Ares, den Vater des Eros. Auch Äneas war ihr Sohn. Aphrodite löste den Trojanischen Krieg aus, indem sie Paris veranlasste, die schöne Helena zu rauben. Sie ähnelt der römischen Venus und der germanischen Freya.

Astlik

Armenische „Venussterngöttin“, Göttin der Fruchtbarkeit und Liebe. Während sie des Nachts badete, entfachten verliebte Jünglinge ein Feuer, um sie besser beobachten zu können. Ihre Neugier strafte sie, indem sie die Umgebung in dichten Nebel tauchte. Nach der Christianisierung degradiert zur Mutter der Nymphen und Heroen. Sie ähnelt der griechischen Aphrodite.

Astarte

Phönizische Liebes- und Fruchtbarkeitsgöttin, aber auch Schutzpatronin der Streitwagen und Kriegsgottheit. Sie findet im Alten Testament Erwähnung und gilt als weibliches Äquivalent Baals. Als aufbauende und zerstörende Göttin verkörperte sie den Jahreszeitenwechsel: Nach dem Winter oder einer Dürrezeit betrat sie die Erde, vermählte sich mit dem Himmelskönig und alles sprieste und grünte und vermählte sich. Christliche Autoren des Mittelalters wandelten sie in den Dämon Astaroth um. Sie ähnelt den griechischen Göttinnen Aphrodite und Demeter, der ägyptischen Isis und der babylonischen Ischtar.

Venus

Ursprünglich als Göttin des Frühlings, dann als Göttin der Liebe und sinnlichen Lust verehrt und mit der griechischen Aphrodite identifiziert. Als Mutter des Aeneas gilt sie in der römischen Mythologie zugleich als Stammmutter des römischen Volks.

Isis

Ägyptische Göttin der Liebe, u. a. Schwester und Gemahlin des Osiris und Mutter des Horus. Der griechische Historiker Plutarch beschrieb sie als das weibliche Prinzip in der Natur.

Shiva

Vielgestaltige Hauptgottheit des neueren Hinduismus. Häufig wird Shiva, der an die 180 weitere Namen hat, im so genannten kosmischen Tanz dargestellt, der den Kreislauf der Gezeiten und das Prinzip der Ekstase versinnbildlicht.

Tlazolteol

Asketische Göttin der Lust, Fruchtbarkeit und Erdmutter. Sie brachte den Menschen nicht nur Lust und Liebe, sondern auch Krankheiten. Man opferte ihr Frauen, die gehäutet wurden.

Oengus

Irisch-keltischer Gott der Liebe, Schönheit und Jugend, dessen Küsse als Vögel davonflatterten. Seine eigene Liebe zur schönen Caer blieb unerfüllt: Nachdem er sie jahrelang in ganz Irland gesucht hatte, fand er sie endlich und musste mit ansehen, wie sie sich in einen Schwan verwandelte. Darauf nahm auch er die Gestalt eines Schwanes an und schwamm mit Caer zurück zu seiner Burg.

Bastet

Als Katze dargestellte ägyptische Göttin der Fruchtbarkeit, des Tanzes und der Freude. Tochter des Sonnengottes Ra. Man opferte ihr große Katzen, denen man den Schädel einschlug, um sie danach zu mumifizieren.

MACHT EHE DICK?

Was ist Ihr Eindruck: Nimmt man zu, wenn man verheiratet ist?

	Frauen	*Männer*	*Gesamt*
Ja	61 %	72 %	67 %
Nein	39 %	28 %	33 %

(Befragt wurden 1534 verheiratete Frauen und Männer zwischen 25 und 50.)

UMFRAGE „BEI WEM KÖNNTEN SIE AM EHESTEN SCHWACH WERDEN UND EINEN SEITENSPRUNG WAGEN?"

Top 10 der Frauenlieblinge

Tom Cruise	18 %
Robbie Williams	16 %
Johnny Depp	15 %
Robert Redford	13 %
Brad Pitt	12 %
Enrique Iglesias	11 %
Michael Ballack	10 %
Til Schweiger	9 %
David Beckham	8 %
Mick Jagger	5 %

*(Befragt wurden 2034 Frauen zwischen 16 und 65.
Erhebungszeitraum: Mitte 2005)*

FESSELUNGSTECHNIKEN

Einen Körper zu fesseln, ist für manche Menschen nicht nur ein lustvolles Unterfangen, sondern unter Umständen auch ein ästhetisches Vergnügen. Es gibt verschiedenste Techniken, die im Folgenden in einem kurzen Überblick dargeboten werden.

KATEGORIEN:

Filmbondage
Hierbei handelt es sich um eine so genannte kosmetische Fesselung, die eigentlich ziemlich wirkungslos ist, aber durch zahlreiche Filmszenen in denen sie optisch eindrucksvoll verwendet werden, Eingang in das kollektive Gedächtnis gefunden haben.

Zierbondage
Auch dies ist eine in erster Linie kosmetische Fesselungskategorie: Es geht um Optik, weniger um Schmerzen oder Erniedrigung.

Zweckbondage
Ziel einer solchen Fesselung ist es, den „Bottom" – also denjenigen, der freiwillig die Rolle des Erniedrigten einnimmt – effektiv bewegungsunfähig zu machen – beispielsweise für Schlagspiele.

Folterbondage
Hier wird es nun langsam ernst: Der „Bottom" soll in eine möglichst unbequeme, wenn nicht sogar schmerzhafte Position gezwungen werden. Besonders in Darstellungen, ob bildlich oder literarisch, wirken Folterfesseln ohne Frage eindrucksvoll, benutzt werden sie im wahren Leben freilich nicht so oft.

Meditative Bondage
Auch wenn es sich mancher nicht vorstellen kann: Fesselungen können auch einen meditativen Charakter haben.

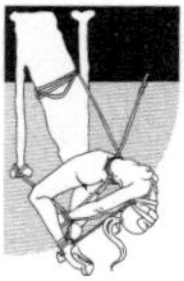

NUN NOCH EIN PAAR VERBREITETE „FIGUREN“:

Die Brustverschnürung
Damit kann man eigentlich jede Fessel bezeichnen, die sich in der Nähe der Brüste befindet. Manche Liebhaber finden allerdings nur direkt auf den Brüsten platzierte Schnürungen oder auch Brustabschnürungen erregend. Dafür müssen die Brüste allerdings eine gewisse Größe haben, sonst rutscht die Verschnürung zu leicht wieder ab.

Teardrop
Bei dieser Träne liegt der „Bottom“ auf dem Rücken, Fuß- und Handgelenke sind zusammengebunden und werden gemeinsam nach oben gezogen. Die Form, die der Körper dabei einnimmt, erinnert an eine Tropfenform, daher der Name.

Hogtie
Der Hogtie ist sicherlich die bekannteste Fesselung: Der Körper des „Bottoms“ beschreibt hier ein „U“. Er liegt auf dem Bauch, Hände und Füße sind zusammengeschnürt und mit einem Seil verbunden. Verschärfen lässt sich dies, indem man die Handgelenke direkt an die Fußknöchel bindet. Dies bezeichnet man dann als Backbreaker – der Name spricht für sich.

Strappado
Hierbei werden die zusammengebundenen Handgelenke hinter dem Rücken hochgehoben oder -gezogen. Das ist sehr schmerzhaft und daher nur in wirklich ausgewählten Kreisen beliebt.

Y-Stellung
Hier sieht der „Bottom“ wie ein umgedrehtes „Y“ aus: Die Hände sind zusammengebunden und zur Decke gezogen, die Beine sind gespreizt. Hierbei sind die Genitalien ungeschützt und für jedwede Manipulationen zugänglich. Auch als „Eifelturm“ bekannt.

Schwebefesselung

Nun – irgendwie ja selbst erklärend: Das Opfer („Bottom“) wird in eine hängende Position gebracht, mit dem Kopf nach unten oder oben, den Körper waagerecht oder senkrecht. Der Fantasie sind Grenzen nur durch die körperliche Belastungsfähigkeit gesetzt.

Das Schrittseil

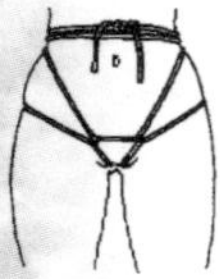

Auch als Schrittriemen erhältlich: Wird bei Frauen durch den Schritt gezogen und übt Druck auf Schamlippen und Kitzler aus.

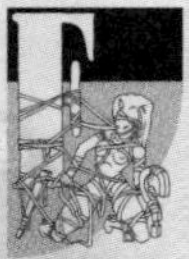

Fesselungstechniken mit dem Seil:

Doppelseiltechnik

Hierbei wird das Seil doppelt genommen und so schnell eine auch optisch ansprechende Zahl von Windungen erreicht.

Einseiltechnik

Spricht für sich selbst: Hier wird nur ein Seil verwendet. Wird besonders für effektive Formen der Zweckbondage verwendet.

Weaving

Etwas kompliziert: Die Seile werden erst im Zickzack auf den Körper gelegt und dann mit einem weiteren Seil verbunden.

Wickelbondage

Hierbei werden Seile einfach um den Körper gewickelt.

Natürlich sind auch Fesselungen mit Ketten, mit Lederriemen, Handschellen, Plastikfolie, Knebeln, Kleidungsstücken, Seidentüchern, Gips oder sogar Bauschaum möglich und mehr oder minder weit verbreitet.

Aber es gehören auch andere, scheinbar „harmlosere“ Methoden in den Bereich der Fesselung: Zwischen die Finger oder Zehen gesteckte Stifte erhalten zwar die Beweglichkeit dieser Körperteile – aber der „Bottom“ kann sie nun nicht mehr benutzen.

ZOOPHILIE

Zoophilie, umgangssprachlich auch „Sodomie" genannt, ist offenbar ein weitverbreitetes Phänomen: Das Schweizer Magazin „Weltwoche" berichtete im Oktober 2005, dass rund 60000 bis 80000 männliche Schweizer zwischen 17 und 70 Jahren mehr oder weniger regelmäßig Sex mit Tieren haben.

Freilich ist das Ganze kein Phänomen der letzten Jahre und nicht nur Männer haben ihre vierbeinigen Lieblinge: Das Wörtchen „Schoßhund" hatte mitnichten etwas mit der Größe des Tieres zu tun und seiner eventuellen Eignung, drollig auf den Röcken seiner Besitzerin herumzutollen, sondern vielmehr mit seinen Fähigkeiten, die es im nackten Schoß der Dame zu vollbringen im Stande war. Bereits seit dem Mittelalter kennt man als Synonym für Schoßhund daher auch den Begriff „Punzenlecker" – was sich bereits ohne Kenntnis des Ausdrucks „Punze" für „Loch" in seiner Bedeutung erschließt.

Auch die Redewendung „auf den Hund gekommen" leitet sich von den tierischen Kompensationsmaßnahmen alleinstehender Frauen ab.

Der Schweizer Tierfreund kann sich freilich freuen: Mit Ausnahme von zwei Kantonen sind seine Tätigkeiten straffrei – solange er das Tier dabei nicht verletzt.

DAS KAMASUTRA ÜBER DEN BISS

Mit Ausnahme der Oberlippe, dem Mundinneren und den Augen darf man alle Stellen, die man küsst, auch beißen. An gute Zähne stellt man folgende Anforderungen: Sie müssen gleichmäßig, glänzend, gut bemessen, lückenlos, spitz sein und sollten sich färben lassen. Schartige, wackelnde, raue, weiche, breite, schlecht gewachsene Zähne sind nicht gut. Es gibt unterschiedliche Arten von Bissen:

Der heimliche Biss,
der aufgeschwollene Biss
der Punkt
die Punktreihe,
Koralle und Edelstein,
die Edelsteinkette,
die zerrissene Wolke,
der Eberbiss.

I. Den „heimlichen Biss“ erkennt man nur an der übermäßigen Rötung der Haut.

II. Durch das Zusammenpressen der Haut auf beiden Seiten wird er zum „aufgeschwollenen Biss“.

III. Wird eine Hautstelle nur mit zwei Zähnen gebissen, dann entsteht der „Punkt“.

IV. Die „Punktreihe“ entsteht durch Beißen kleiner Haustellen mit allen Zähnen.

V. Durch Beißen mit den Zähnen unter Zuhilfenahme der Lippen entsteht „Koralle und Edelstein“. Dabei ist die Lippe die Koralle, die Zähne der Edelstein.

VI. Beißt man aber mit allen Zähnen, dann gibt dies die „Edelsteinkette“.

VII. Die „zerrissene Wolke“ ist ein Bissmal in unregelmäßiger Kreisform. Man bringt es auf den Brüsten an.

VIII. Lange, zahlreiche, eng aneinander liegende Streifen von Zahnspuren mit dunkelroten Zwischenräumen bilden den „Eberbiss". Er wird an Brust und Schulter angebracht. [an dieser Stelle bitte einen gezeichneten Torso und Pfeile an die entsprechenden Stellen] Die beiden letzten Arten sind für besonders feurige Liebhaber.

Dazu noch einige Hinweise:

Beißt ein Mann heftig ein Weib, dann vergelte sie es ihm doppelt: für einen „Punkt" eine ganze Reihe, für eine „Punktreihe" eine „zerrissene Wolke". Ist sie aber sehr entflammt, dann fange sie einen Liebesstreit an. An den Haaren ziehe sie seinen Kopf zu sich herab, sauge sich an seinem Mund fest, dann beginne sie ihn liebestoll zu beißen. Zeigt ihr der Geliebte bei Tag, selbst vor Leuten, eines der Male, welches sie ihm beigebracht hat, dann lächle sie bei dem Anblick. Hierauf wende sie wie schmollend das Gesicht und zeige ihm, als wäre sie erzürnt, seine eigenen Bisse auf ihrem Körper. Trachten also Mann und Frau dem anderen zu Willen zu sein, dann lässt ihre Liebe auch in hundert Jahren noch nicht nach.

— DER ABGESCHLOSSENE KURZROMAN —

Dieses Büchlein soll schließen mit einer bedenkenswerten Idee: Wie wäre es, wenn wir unsere Sexualität aufsparten für die Ehe? Keine Fesselspielchen mit der Nachbarin, keine verführerischen Menüs für den Yoga-Lehrer mit anschließendem Champagnerbad und knallhartem Blümchensex. Stattdessen: wahre Freundschaft, tiefe Liebe.

Tausende, wenn nicht Millionen amerikanischer Jugendlicher haben sich zu dieser Idee bekannt. Folgender Tatsachenbericht führt deutlich die mit Geschlechtsverkehr zusammenhängenden Gefahren vor Augen – auch das musste einmal gesagt werden. Gute Nacht.

Wir haben gewartet – und das kannst Du auch!

von Keith Kiser

Es mag sich komisch anhören, aber Tami und ich waren beide Jungfrauen als wir heirateten. Es war nicht einfach – das kann ich Euch sagen – aber wir sind froh, dass wir gewartet haben.

Seit der neunten Klasse haben wir angefangen miteinander zu gehen und das ging sieben Jahre so weiter, bis wir geheiratet haben. In der Zeit als unsere Liebe und Zuneigung immer größer wurde, wurden die sexuellen Versuchungen zu einem mächtigen Gegner. Wir waren beide praktizierende Christen, die Gott ein Wohlgefallen sein wollten. Aber, obwohl Gott „Nein“ sagte, schrieen unsere Körper ein „Ja“. Und unsere Körper schienen immer lauter zu schreien.

Die Hormone spielten verrückt! Wir wollten warten, aber unser Fleisch flüsterte uns ein: „Los, worauf wartet ihr noch?“ Fernsehen, Kino und Musik machten die Sache noch schlimmer. Ihre Botschaften waren „Sex, Sex und noch mehr Sex.“ Unsere Überzeugung zu warten wurde immer schwächer. Sexuelle Unreinheit, schon auf dem sicheren Wege zum Geschlechtsverkehr, begann unsere Beziehung zu zerstören. Schmerz, Sünde, Schuld und Verirrungen trieben uns auseinander.

Am Rande der Katastrophe balancierend versprachen wir, Sex für die Ehe aufzusparen und regelmäßig miteinander zu beten. Wir bestärkten uns in diesem Beschluss dadurch, dass wir zusammen ein Buch über den Erhalt sexueller Unbeflecktheit in einer jungen Beziehung lasen. Dem Keuschheitsgelübde ergeben, halfen wir uns gegenseitig im Kampf gegen die Versuchungen der Sexualität. Es waren schwere Zeiten, aber wir entwickelten eine große Disziplin und Respekt füreinander. Eine neue Offenheit und ein ungekanntes Vertrauen wuchs in unserer Beziehung und unsere Liebe begann zu blühen und wurde immer eindringlicher.

Als wir dann schließlich heirateten, konnten wir beide glücklich sagen, dass wir beide Jungfrauen waren. Wie könnte ich Euch beschreiben, wie großartig unsere Hochzeitsnacht war – und ich werde es auch nicht versuchen. Aber ich kann wohl sagen: Das Warten hat sich gelohnt. Wir waren dabei zu straucheln, aber wir haben trotz aller Anfechtungen obsiegt, und wir sind nun beide glücklicher, stärker und noch viel verliebter, weil wir gewartet haben.

Tami und ich teilen alles – unsere profanen Interessen, unsere Gedanken, unsere Träume, unsere Schmerzen, unsere Gebete, unser ganzes Selbst. Unsere Körper miteinander zu teilen, ist der sichtbare Ausdruck unserer totalen und unumschränkten Hingabe. Geschlechtsverkehr ist nicht nur ein Zeichen der Liebe, sondern verbindet uns wie ein menschlicher Superkleber, der uns Stolz und Kraft gibt, Unglücke gemeinsam zu durchstehen.

Wenn ein Paar sich vereinigt, ist das die intimste Form des „Kennens", die vorstellbar ist. Man entblößt nicht nur seinen Körper, sondern auch seine Gefühle und seine Seele. Dieses Geben des allerprivatesten Selbst und das Empfangen des allerintimsten Selbst des Ehepartners sind ein unvorstellbares Privileg. Wenn aber einer der Partner einfach davongehen kann, werden dieses Geschenk und das Privileg missbraucht und entwertet. Liebe meint das Allerbeste für einen Menschen wollen – für immer. Geschlechtsverkehr ohne die eine Liebe bestätigende Ehe verletzt und zerstört normalerweise eine Beziehung.

Sex zieht normalerweise auch Babys als Zeichen der Liebe zwischen dem Ehemann und seiner Frau nach sich. Ist es nicht unfassbar, dass eine spirituelle und physische Vereinigung von zwei Menschen neues Leben zeitigen kann? Stell dir vor – zwei Menschen die sich so sehr lieben, dass ihr Geschenk füreinander ein neues Leben gebiert, einen neuen

Menschen – ein Sohn oder eine Tochter wie dich oder mich mit einer Seele, die unsterblich ist. (Ziemlich cool! Ein Mitschöpfer neben Gott zu sein!)

Und Babys brauchen feste Familienbande mit liebenden Müttern und Vätern. Das ist die ideale Situation, und das ist der eine und einzige Grund wieso Gott Geschlechtsverkehr allein für verheiratete Paare gedacht hat. Geschlechtsverkehr wurde geschaffen, um Bindung zu schaffen und damit Babys in die Welt gesetzt werden – vor der Ehe hat das schwerwiegende und schmerzliche Konsequenzen.

Es mag sein, dass Du bereits Sex hast und dich wunderst, wieso deine Beziehung sich trotzdem immer noch nicht vorankommt. Nur weil man Geschlechtsverkehr pflegt, heißt das noch nicht, dass man „alles" gibt oder „alles" empfängt. Auch wenn zwei Menschen von Liebe zueinander sprechen, geben sie doch nicht „alles", wenn sie nicht öffentlich bekennen, ihr gesamtes Leben einander widmen zu wollen, „bis dass der Tod uns scheidet".

Jenseits der Ehe bedeuten sexuelle Intimitäten normalerweise den Mangel an Selbstkontrolle bei mindestens einem der Partner – das ist egoistisch und unehrlich. Sie treiben einen Keil zwischen zwei Partner und verhindern eine reife Liebe. Vorehelicher Sex bedeutet mit ziemlicher Sicherheit eine früher oder später gescheiterte Kommunikation.

Um Deine derzeitige Beziehung wiederzubeleben und die zukünftige Ehe zu retten, musst Du alle sexuellen Handlungen sofort stoppen, auch jede Art von Vorspiel. Gib Deiner Liebe eine Chance sich zu vertiefen und zu erblühen. Am Anfang scheint es unmöglich, aber es funktioniert. Du und Deine aktuelle Flamme (Deine zukünftige Ehefrau) und Deine Kinder werden sehr dankbar sein, wenn Du heute versprichst, Dich jedem Geschlechtsverkehr zu enthalten und Dich für die Ehe aufzusparen. Wenn Du dieses Bekenntnis schon hinter Dir hast, gebührt Dir ein Glückwunsch.

REGISTER

REGISTER

REGISTER

REGISTER

REGISTER

RECHTENACHWEIS

Wir danken dtv für folgende Abdruckgenehmigung:
François Villon „Ballade von der Dicken Margot",
aus dem Französischen von Carl Fischer
© Deutscher Taschenbuch Verlag GmbH & Co. KG,
München 1992, 2002.

Die Abbildung auf S. 167 stammt von Niclas Dewitz.

Die Abbildung auf S. 171 stammt von Philipp Hinz.

Wir danken der Zeitschrift „Schlagzeilen", Hamburg, für die freundliche Genehmigung zur Verwendung der wunderschönen Initialen auf S. 206–208. www.schlagzeilen.com

Gesänge voller Euphorie und Wut, Humor und Pathos

Sebastian Gumpp, Niels Kohlhaas,
Sascha Kurth (Hg.)
Lieder aus der Kurve
Gesangbuch für Fußballfans
Mit zahlreichen Abbildungen
144 Seiten, Broschur
€ 9,90 [D]/€ 10,20 [A]/SFr 18,10
ISBN 3-203-85601-8

Eins steht mal fest: Nirgendwo wird so gern gesungen wie im Stadion, im Zug zum Auswärtsspiel und nach dem Spiel in der Kneipe; und nirgendwo wird so spontan und kreativ getextet. Fangesänge können ein Spiel zum Kippen bringen – und ebenso den Trainer. Manche sind liebevoll, manche boshaft, mal ist die Melodie von den Pet Shop Boys, mal von Beethoven und mal ist es auch ein altes Bergmannslied.
Dieses Buch zeigt mit hunderten Gesängen von über 60 Vereinen: Deutsche, Österreicher und Schweizer sind kreativ, wenn es daran geht, die eigenen Stars zu feiern oder beim Gegner die musikalische Blutgrätsche anzusetzen.
Alle Vereine aus den Bundesligen und alle relevanten Vereine aus den Regionalligen sind dabei. Ein so umfassendes wie unterhaltsames Gesangbuch für den 12. Mann: zum Schmunzeln, Staunen und Mitsingen.

Das Weltmeisterschaftsjahr 2006 kommt

Torsten Schilling (Hg.)
Abseitsfalle – „Der spielt wie 'ne Parkuhr"
Neue und klassische mündliche Fehlpässe von Spielern, Trainern und Reportern
128 Seiten mit zahlreichen Abbildungen, Broschur
€ 9,90 [D]/€ 10,20 [A]/ SFr 18,10
ISBN 3-203-85601-8

Ein Bestseller dribbelt weiter

Ein unendliches Thema: Die Abgründe der deutschen Sprache tun sich nirgendwo so tief auf wie nach verlorenen oder gewonnenen Spielen, im Chaos von Tränen, Euphorie, Wut und Fernsehkameras: Abseitsfalle versammelt klassische und ganz aktuelle mündliche Fehlpässe über die schönste Nebensache der Welt.